FX ライントレードの教科書

相場の重要ポイントが
浮かび上がる!
「期待値」を高める
究極のテクニカル分析

FX／CFDトレーダー
たけだのぶお

日本実業出版社

はじめに

～自分で考える癖をつけて、チャートと向き合おう～

本書を手に取ったみなさんは、今まさにトレードを学ぼうとしているのだと思います。私がトレードに取り組み始めた頃も、書籍を買ったり、ネットの情報を読み漁ったりしていました。

ただ恥ずかしい話、私の場合は本で見たチャートの形をそのまま実際のチャートに当てはめたり、インジケーターの設定だけを合わせてトレードするなど、自分で考えるということをせず、ただ読んだ情報をそのままトレードに反映させようとしていました。

今考えればあり得ない話ですが、当時は他人から提示される情報に、未来の値動きを読み取る確固たる正解があると思い込んでいたのです。当然その頃の私は、トレードで勝ち続けるなんてこととは無縁の人間で、日々損失を繰り返し、もがき苦しんでいました。

しかしあるとき、**「ライン」というテクニカルと出会い、すべてが変わりました。**

もちろん、「ライン」と出会ってすぐに勝てるようになったわけではありませんが、ラインを使って自分自身で考えながらチャートと向き合うことで「チャート上の値動きは、ある程度予測できる」という手応えをはっきりと感じたのです。

この自分の手応え・分析の成功体験がきっかけで、ラインの引き方を研究し、トレードのスキルを磨き上げていくことができました。

ある程度勝てるようになってからも調子に乗って2分で100万円単位の資金を失ったり、負け込んで自信を失いかけたりしたこともありました。

ただ、「ライン」と出会ったときの「チャートの値動きは、ある程度予測できる」という手応えがあったからこそ、そこで投げ出すことはなく、ラインというテクニカルの軸を突き詰め続けることができたように思います。

間違いなく、今の私があるのは「ライン」のおかげです。

本書は、おそらく初心者の頃の私がこの本に出会っていれば最短で今の私になれたのではないか、という目線で書かせていただきました。

初心者の頃の私のような「手法」や「正解」を求めている人には少しハードルが高い内容かもしれません。

ですが、トレードで継続的に利益を上げていきたいのであれば、そんな浅はかな考えは遅かれ早かれ捨てることになります。

読者のみなさんはそれが今なのだと理解して、ラインを軸にチャート全体に対する理解を深めていただけたらと思います。

この本の読み方

FXを学ぶ際には、「メンタル・資金管理」「テクニカル」「ファンダメンタルズ」など、いくつかのテーマがありますが、特に「テクニカル」についてはあまりにも情報量が多く、何が正しく、何を学べばいいかわからなくなってしまう人も多いでしょう。

そこでまず1つ知っておいてほしいことが、**利益を上げるトレーダーの多くは、広く薄くさまざまなテクニカルを知っているわけではなく、1つの軸となるテクニカルを突き詰め、その軸に他のテクニカルを組み合わせている、ということです。**

情報量の多いテクニカルの中から「軸を突き詰める」というのは簡単なことではありません。

たくさんの軸となるテクニカルの候補があるからこそ、少しの失敗、一時的な疑心から深めるべき軸をあきらめて、また別の軸を探してしまうというのはよくある話です。

この本では、「ライン」を軸にトレードを突き詰めるために必要なことに焦点を当て、読者が「ライントレーダー」として成長する過程を言語化していきます。

そのため、**取扱説明書のように部分的に抜粋するのではなく、1つのコンテンツとして読んでほしいと考えています。**

CHAPTER 3 勝てるトレードポイントの見極め方

CHAPTER 4 ライントレードに必要なテクニカルの基礎

CHAPTER 5 ライントレーダーの得意な相場、苦手な相場

CHAPTER 6 究極のライントレーダーになるために

カバーデザイン：井上祥邦（yockdesign）
本文デザイン＆ DTP：ナカミツデザイン

CHAPTER 1

なぜラインが重要なのか

01 ライントレードの基本理解

トレードのスタイルは個人の性格や価値観に合わせて自由であるべきです。ただし、どんなスタイルにも共通していえる重要な点があります。それは、レジスタンスとサポートを理解しチャートの反発点を把握することです。これが成功への第一歩といえるでしょう。

自分の軸を突き詰めるためのトレード理論

本題に入るからといって、いきなり「ライン引きの仕方」を紹介するわけではありません。この章では、ラインを軸にトレードしていくために最低限理解しておくべきことをまとめていきます。

まず、トレードは結果主義であり、どんなトレードスタイルやテクニカルを使おうとも、「勝てば正義」という自由な世界です。一見、自由であることはトレーダーにとって有利に思えますが、その自由さゆえに、軸となるテクニカルを突き詰めて利益を上げるトレーダーになることを難しくしているのではないかと私は感じています。

● 私がラインを突き詰められた理由

この本を書くにあたり、自分がラインを突き詰めることができた理由を考えました。それによりたどり着いた答えは、実際にチャートと向き合い、トレードをする日々の中で、**ラインというテクニカルに対**

する自分なりの理解や解釈を持つことができたからだということです。

本書には私が正しいと思う自分の理解や解釈、考え方を書いていますが、それは8割私の持論で、自由なトレードの世界において、万人に対する答えにはなり得ないと理解しています。

ですから、この本を読んで「そうなのか、なるほど」「自分も同じように捉えてみよう」と感じたのであれば、そのままインプット・検証していってください。

逆に、「経験則的に自分の理解と大きく相違がある」と感じた場合は、それを深めて自分なりの理解や解釈に昇華してください。もし、ライントレード自体が合わないと感じて別のテクニカル軸を極めようと思うのであれば、自分なりの理解や解釈を大切にする姿勢で取り組んでほしいと思います。それが自分の軸を突き詰めるためのコツです。

レジスタンスとサポートの重要性

レジスタンスとは、テクニカル分析によってレートの上昇を阻むと予測される水準を指し、サポートは同様にレートの下落を阻むと予測される水準を指します。FXでトレードする際、私が最も重要だと考えるのは、**このレジスタンスやサポートがある程度分析できるということです。**

FXを始めると多くの人が「ダウ理論」「エリオット波動」などから学ぶ傾向にありますが、これらだけを学んでも実際のトレードには結びつきにくいのではないかと思います。誤解がないように補足しますが、テクニカルに優劣があるとは思っていません。あくまで私の中の学ぶべき優先順位として、レジスタンスとサポートを見つけるテクニカル分析が最も重要だという結論に至ったということです。

トレードは期待値をもとにポジションを持つ「エントリー」を行いその後、変動するチャートを見て損切りや利確などの「エグジット」を繰り返す作業です。つまり、トレードをするには、何度もエントリーやエグジットを行うための基準が必要で、仮に方向感のイメージがあったとしてもエントリーやエグジットの基準がないままポジションを持てば、それはギャンブルにすぎません。

このギャンブルとトレードを区別する基準がレジスタンスとサポートだと私は考えていて、トレードにおいて最も重要視する理由です。

さらに言えば、過去の値動きを元に未来の反発点を分析することが、トレーダーとしての第一歩だと言っても過言ではないと思っています。

ライントレードにおけるレジスタンスとサポート

レジスタンスとサポートを分析するテクニカルにはさまざまなものがありますが、ラインで示すレジスタンスとサポートとは、**過去複数回反発が確認されている事実やその規則性に基づき、レートの上昇や下落を阻むと予測される水準のこと**です。これは、水平線であってもトレンドラインのように角度のついたラインでも意味合いは同じです。

重要なのは、チャート上の値動きが反転・反発する起点には何らかのレジスタンスやサポートが存在していると考えることです。また、レジスタンスラインやサポートラインはいつか必ず**ブレイクされるものであり、ブレイク後は逆の役割になりやすい表裏一体の性質を持つ**ということを覚えておいてください。

図1-1 ▶ 水平線でのレジスタンスとサポート

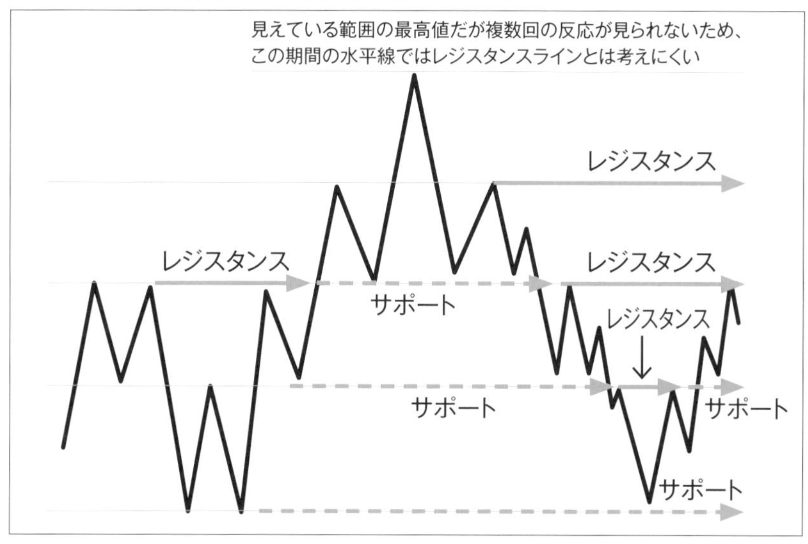

図1-2 ▶ トレンドラインでのレジスタンスとサポート

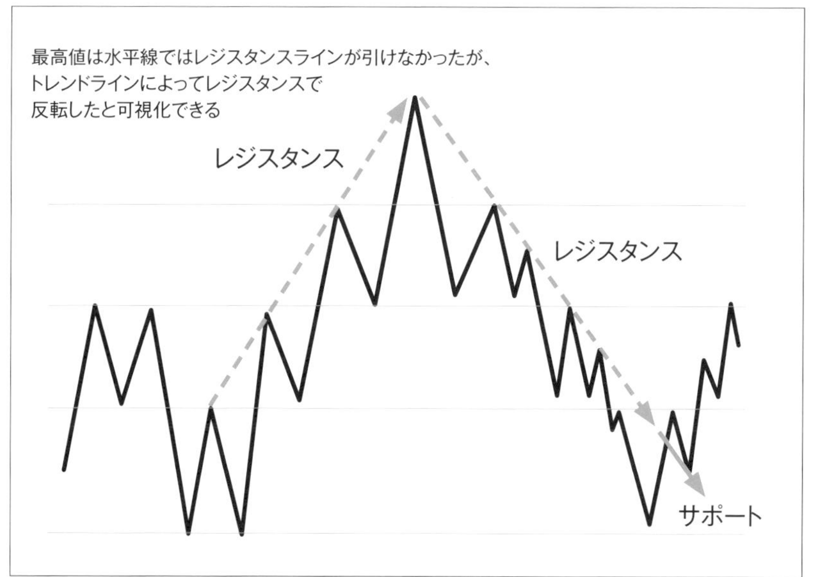

図1-3 ▶ リテストとロールリバーサル

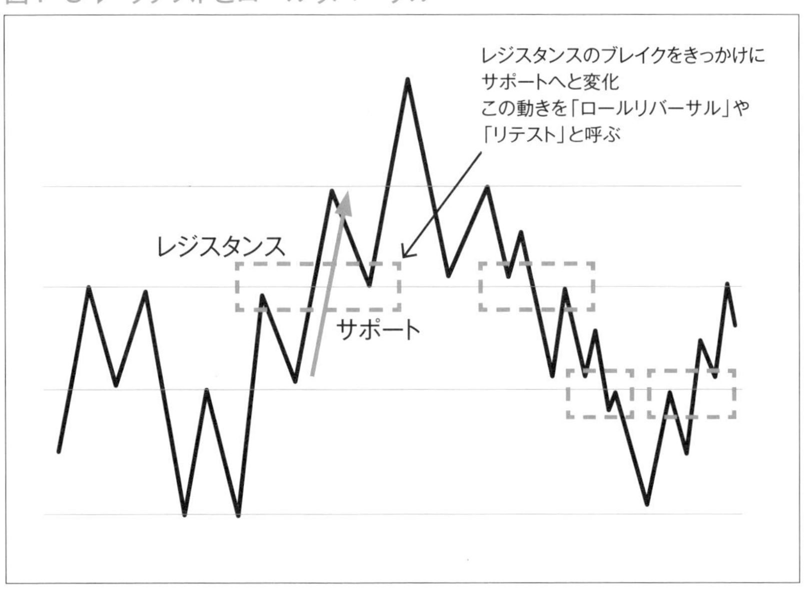

図1-4 ▶ リテストとロールリバーサル（実際のチャート）

レジスタンスとサポートが入れ替わるときの値動きを「リテスト」や「ロールリバーサル」と呼びます。レジスタンスやサポートでの反発やブレイクだけでなく、この動きを想定することがライントレードの基本になっていきます。

「そんなことは知っている」というレベルの内容かもしれませんが、**本当の意味で理解できているのであれば、ラインを背にしてトレードをして含み損が生じた場合に損切りを適切に行うはずです。**トレードを行う中で損切りを躊躇したり塩漬けしてしまうことがあったら、ぜひこのページを思い返してみてください。

Check!

- 軸となるテクニカルに対して自分なりの理解や解釈を持つことが自分のトレードを突き詰めるコツ
- レジスタンスとサポートはトレードの基準であり、成功の鍵

02 「ラインで分析する強み」とは？

トレードするうえでレジスタンスとサポートを分析することが最も重要だと述べましたが、ここではさまざまな分析がある中でラインでレジスタンスとサポートを分析する強みについて説明していきます。

ラインは縦軸以外の分析もすることができる

チャートとは、時間の経過（横軸）に対する各国の通貨の相対的な価値変動（縦軸）を示しているにもかかわらず、トレーダーの損益や各国の経済状況への影響を与える原因となる縦軸優位に目を向けられがちです。一般常識としての理解、海外旅行や個人輸入程度であればそのときの縦軸だけを知っていれば問題ないでしょう。しかし、トレーダーとしてチャートの右側を予測するのであれば、価格の変化にかかった時間というのも重要な意味を持ちます。

例えば、ドル円が「10日かけて145円から140円までじわじわと5円下がった」というチャートと、「1日で一気に5円下がって140円になった」というチャートでは、その時点の価格が140円で同じでも、予測する未来の値動きは別ものになると考えるほうが自然だと思いませんか？

チャートには「傾き」が存在する

チャートが横軸と縦軸で構成される以上、そこには「傾き」が存在するというのが私の持論です。トレンドラインや平行チャネルといった斜めのラインは、その傾きを分析することができるテクニカルのツールです。他のテクニカルを否定するつもりはありませんが、一般的なレジスタンスやサポートを分析する「ピヴォット」「フィボナッチリトレースメント」、ラインの中でも「水平線」だけの分析、これらは縦軸のみの分析に留まります。「チャート分析」というのであれば、そこに、「サイクル理論」「フィボナッチタイムゾーン」などの横軸の分析を組み合わせるほうが、自然だと感じます。

少し脱線しましたが、ここで言いたいことは、チャート分析は**「縦軸」だけではなく「横軸」も考える癖をつける**ことが大事だということと、**ラインで分析する強みは水平線・斜め線を組み合わせることでチャートの縦軸・横軸を網羅した分析ができる**ことではないかということです。

図1-5 ▶ チャートでは「縦軸」だけでなく「横軸」も考える

チャートの重要ポイントを可視化できる

もう1つの強みは、チャートにラインを引くことで、目線の切り替わりとなる重要ポイントを明確にし、その根拠の強さを推測できることです。

ラインに限らず反発点の分析は、基本的に複数の候補が予測され、ズレなく1点に絞ることはほぼ不可能です。優れたトレーダーは、レジスタンスとサポートだけでなく、波形やパターン、ローソク足の反応などのテクニカルを組み合わせて、見込み利益に対する損失を限定し、期待値に基づいた取引を行っています。

●レジスタンスとサポートの客観的な優先順位

ライントレードにおいてもこれらのテクニカルは当然考慮しますが、レジスタンスとサポートの分析にラインを使うと過去の反発回数によってどの反発候補地点が強いかが明確になります。ラインによって、反発点の優先順位が可視化されるのです（図1-6）。

先ほど例として挙げたピヴォットでいえばS1なのかS2なのか、フィボナッチなら38.2％なのか61.8％なのかというように、実際にポジションを持つ位置としてどこで構えるべきなのかという判断は、ある程度そのテクニカルに熟練した人であれば見当がつくかもしれません。

しかし、客観的な情報としては、それら単体の分析の中のレジスタンスやサポートに優先順位をつけることは難しいはずです。

以上がラインでレジスタンスとサポートを分析する強みです。まとめると、「横軸」を考慮して「レジサポの優先順位（強度）を可視化」できるということです。

ここで間違ってほしくないのは、「他の反発点を見つける分析がよ

図1-6 ▶ 過去の反発点

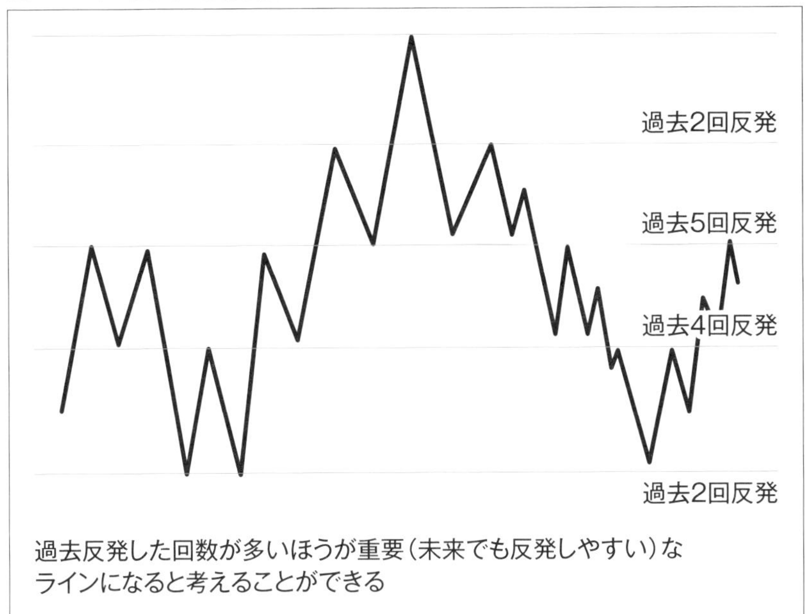

くない」という話ではなく、**自分のトレードの軸となるテクニカルの強みを理解しておくことで、冒頭に書いた「ライントレードを突き詰める」というハードルを乗り越えることにつなげてほしいということです。**

Check!

- チャート分析は縦軸だけでなく横軸も考慮することが重要
- ラインで分析する強みは、水平線と斜め線を組み合わせることで縦軸と横軸の両方をカバーできること

03

ラインの優位性と再現性

ラインで分析する目的や強みを説明しましたが、ラインを引くのはまだ先です。実際にライン引きの手順に入る前に、ラインに対する私なりの解釈を述べていきます。

1.優位性のあるライン、ないライン

実際にトレードでラインを使用する際に重要なのは、「自分が引いたラインに優位性があり、そのラインを信頼できる」という点です。ここでいう**「優位性」とは、過去の価格動向から引いたラインが、現在までの期間で「反発・リテストの回数>ブレイクの回数」になっていること**を指します。

当たり前のことですが、引いたラインに対して反発やリテストが少なく、何度もブレイクされている場合、そのラインを未来の予測に使用しても、損失につながる可能性が高いでしょう。

逆に、過去から現在までの間に**反発やリテストの回数がブレイクの回数よりも多いラインを引く**ことができれば、そのラインに基づいてトレードすることで、将来的にも成功を収める可能性が高まります。

ただし、どんなに優れたラインであっても、いつかは規則性が失われます。ラインを絶対的な根拠として信じ込むのではなく、優位性を持つラインでも、いつかは破られることを理解することが重要です。

次に、具体的にどのようなラインが優位性を持ち、逆に持たないのかを、チャートの実例を用いて解説していきます。

● 優位性があるとはいえないラインの例①

図1-7は初心者が引く水平線でよくありがちなパターンの1つです。私が思う水平線の引き方は次章で詳しく説明しますが、この例は目立つポイント1点を基準にラインを取ってしまっており、その1点以外で反応がほとんど見られていないパターンです。

ラインとは、そもそも高値と高値・安値と安値・高値と安値のいずれかを結んで完成するものです。この例のように、1点を基準ラインを取り、それが現在に至る過程の中で一切他の部分で意識されていないのであれば、そのラインは当然ながら優位性があるとはいえません。

図1-7 ▶ 優位性がないライン①

● 優位性があるとはいえないラインの例②

図1-8のラインは、先ほどの例とは違ってしっかり3点を結んでいますが、現在に至るまでの値動きの中でラインを無視して何度もまたいでいるのが確認できます。

図1-8 ▶ 優位性がないライン②

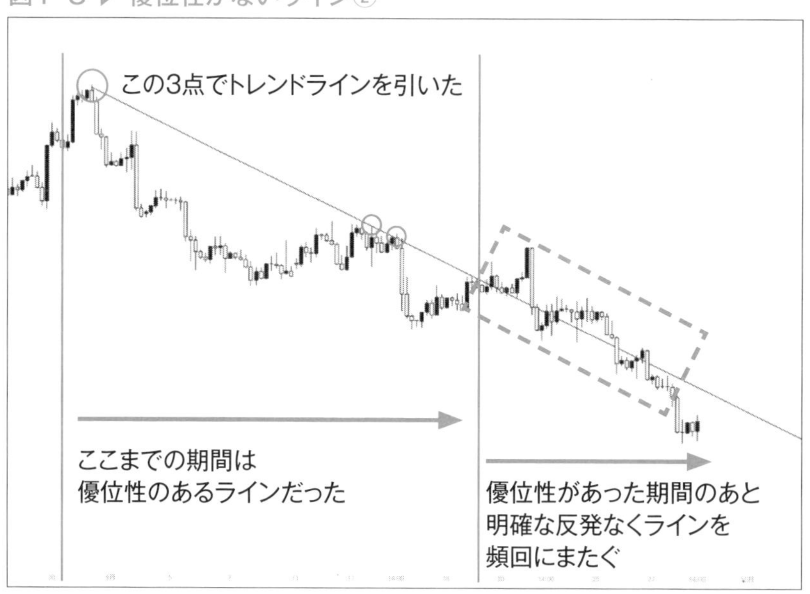

図1-7、1-8の例に共通しているのは、現在に至るまでにラインの規則性が否定されていることです。

例①（図1-7）は根本的なラインの引き方に問題がありますが、例②（図1-8）のようにある時点までは優位性があっても、現在に至るまでに優位性が失われているラインが無数に存在します。

よくあるライントレードの間違いが、こういったすでに優位性が失われてしまっているラインを基準にトレードしようとしてしまうことです。ラインを軸にトレードするのであれば、こうしたラインを根拠にトレードしないように気をつけることが必要です。

逆にいえば、これらの例のような短期的なラインではなく、**長期間何度も意識されてきたラインであれば、直近で数回反応がなくてもそのラインはまだ優位性が保たれている可能性がある**とも考えられ、これがライン引きのポイントにもつながります。

● 優位性があるといえるラインの例①

次に、優位性があるといえるラインの例を紹介していきます。

図1-9のパターンは非常にわかりやすい例で、起点から現在までで一度もブレイクされず複数回反発しているラインです。このような規則性もいつかは必ずブレイクされますが、この時点においては当然優位性があるといえます。

基本的なスタンスとして、ある程度の期間続いた規則性を次の1回

図1-9 ▶ 優位性があるライン①

でブレイクすると考えるよりも、その規則性が継続すると考えて立ち回ることがライントレード流のトレンドフォローといえます。

● 優位性があるといえるラインの例②

図1-10の例は、一見何度もラインがブレイクされているので優位性があるように見えないかもしれませんが、図の小さな矢印の部分ではブレイク前のラインタッチで反発が確認できています（日足なので小さい反発に見えますが、いずれも1円幅以上）。

「優位性があるとはいえないラインの例②」と異なるのはこの部分です。後にブレイクされたとしてもラインタッチで明確な反発があるということは、少なくともラインとして意識され、反発回数としてカウントできるので、優位性があると判断することができます。

図1-10 ▶ 優位性があるライン②

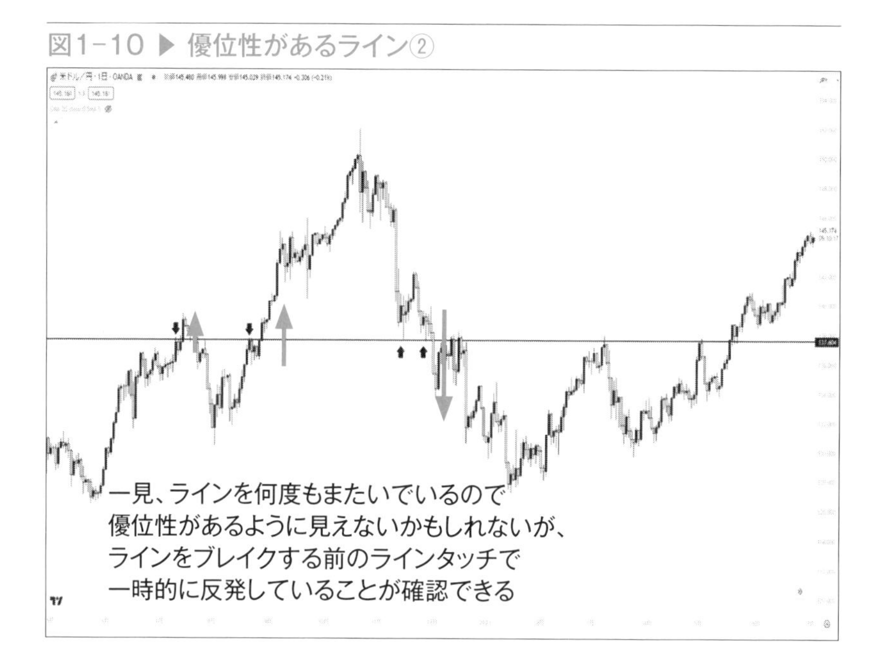

●優位性あるといえるラインの例③

先ほどの②と同様で、ブレイクはされているものの、数か月間明確な反発が何度も起こっている斜めのラインです。

これは少し見慣れないタイプのラインだと思いますので、「こんなラインあり？」という声が聞こえてきそうですが、優位性を反発・リテスト回数>ブレイク回数と考えるのであれば、たとえラインが斜めでもこのラインも優位性のあるラインだといえるのではないか、と私は考えています。

図1-11 ▶ 優位性があるライン③

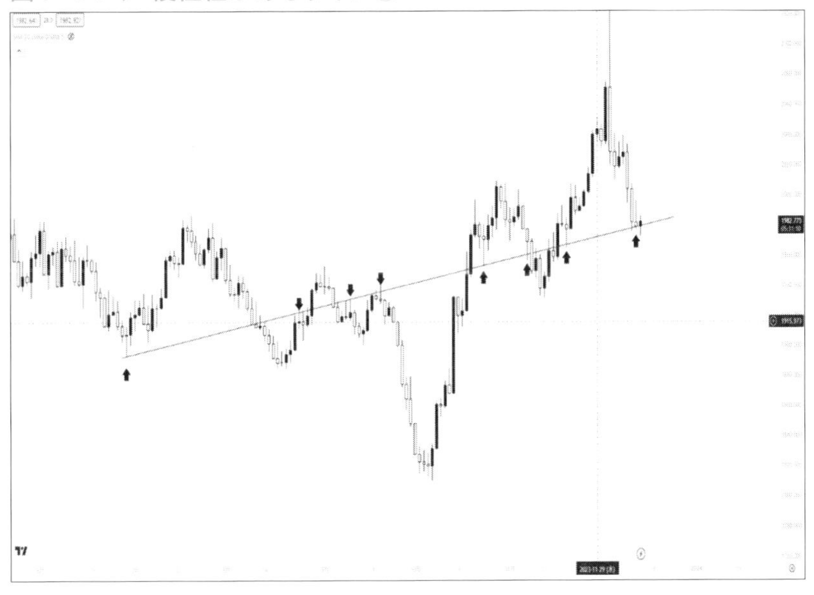

ここまでの例を見て、自分が今まで引いていたラインを分析や予測・トレードの根拠に用いていいのかどうか、少しイメージできると思います。

ラインは過去の値動きをベースとするので、自分が定める期間（ラインの基準の始点－現在）で検証したときに、悪くいってしまえば優位性をこじつけてラインを引くことが可能です。

言い換えると、**ライン引きとは確率の高い未来の反発・リテスト位置を出力するための過去検証です。**現在までを過去検証したときに、優位性がこじつけられているラインでなければ、そもそも、それは間違ったライン引きなのではないかということです。

2.再現性のあるライン

優位性のあるラインの部分で「優位性をこじつけられていること」が重要だと書きましたが、少し極論すぎる面もあります。

実際、闇雲にこじつけて優位性のあるラインを引くのであれば、超短期間の斜めのラインを使って何本でも引けてしまいます。水平線でも、反発回数＞ブレイク回数のレートすべてにラインを引けば細かい値幅の空間に何本も水平線があるごちゃごちゃとしたチャートになってしまいます。

こうなってしまうと、「チャートの重要ポイントを可視化できる」というラインの強みが失われてしまい、もはや何を根拠にトレードしているのかわかりにくくなります。最初に書いた「トレードの基準を設けるため」という目的からそもそも外れてしまっている状態です。

● 自分なりの基準・ルールを構築すること

こうならないために必要になるのが、ライン引きに対しての「自分なりの基準・ルール」です。これを守って引かれるラインがある程度再現性のあるラインだといえると私は思っています。

ここで、再現性に「ある程度」という言葉を入れているのは、細かい話ですが、どこの証券会社を使うかによってチャートに微妙な違いがあったりしますし、そもそもルールや基準を設けても寸分違いなく再現することは、人の手でラインを引く以上不可能だからです。

ただ、大きな枠組みとしてルールに収まる形で引いたラインは極端に的外れなものにはなりにくく、「トレードの基準」となる目的を果たせるはずです。

ここまでが、「ライン」に対する私なりの解釈と前提です。

まとめると、**正しいライン引きとは自由なものではなく、優位性とある程度の再現性を兼ね備えている必要がある**ということです。逆にいえば、優位性とある程度の再現性さえあればどんなライン引きも正解といえるのではないか、ということでもあります。

Check!

- 正しいライン引きには、優位性とある程度の再現性が必要
- 優位性のあるラインとは、過去ブレイクされた回数より反発・リテストされた回数が多いラインを指す
- ライン引きに完璧な再現性を求めることは不可能

CHAPTER

2

相場を可視化するラインを引くときのポイント

04 どこにでも引けてしまう水平線の誤解

ラインにはいくつかの種類がありますが、その中でも水平線の引き方は基本中の基本です。しかし、一見簡単なように見える水平線も実は奥が深く、正しく引くためのポイントがあります。本章では、水平線の引き方について解説します。

紹介する4つのライン

第1章では、ラインに関する基本的な理解を紹介しました。これまでの内容を読んでいれば、ラインを引く目的やその利点、適切なライン引きの方法について、ある程度把握できているはずです。しかし、それでも実際にチャートを見てどのようにラインを引けばよいかわからないこともあるでしょう。第2章では、ラインを実際に引く際のポイントを詳しく解説します。

本書で紹介するラインは**「水平線」「トレンドライン」「平行チャネル」「値幅と角度のライン」**の4つです。掲載されているチャート画面は**「TradingView」**というツールを使用しており、無料でも利用できます。PCでライン引きしたものをスマホアプリからも確認できますし、後述するラインの引き方に関連する便利な機能も備えているので、本書の内容を実践する際にはTradingViewを活用することをおすすめします。

● 多くのトレーダーが引くのは水平線

まずは、多くのトレーダーが使う水平線の引き方について説明します。当たり前ですが水平線を引く場合、単一の高値や安値だけではなく、同じレベルで2回以上反発していることが必要です。

ただし、反発回数の基準を決めて水平線を引くというルールはすぐに破綻してしまうはずです。なぜなら、反発回数を基準にするとレンジ相場では同じ価格帯を往復することが多いため水平線だらけになってしまいますし、逆に、トレンド相場では価格が同じレベルに留まる期間が短くなり極端にラインを引くことができなくなるからです。結局、**水平線を引く際には、反発回数だけでなく、相場の状況に応じて適切なポイントを見極める必要があるということです。**

本書では、レンジ相場とトレンド相場での水平線の引き方について分けて説明しますが、**どちらの相場でも重要なのは「リテスト」です。**

Check!

- 水平線の引き方はレンジ相場とトレンド相場で異なる
- 水平線を引くときは反発回数と同じくらい「リテスト」への注目が重要

05

レンジにおける水平線の引き方

レンジ相場における水平線の引き方について解説します。過去のリテストを基準にして、チャート上で反発があるポイントを見つけることが重要です。

水平線の引き方の基本

ではまず、図2-1のようなレンジで推移しているチャートに水平線を引いていきましょう。

図2-1 ▶ レンジで推移しているチャート

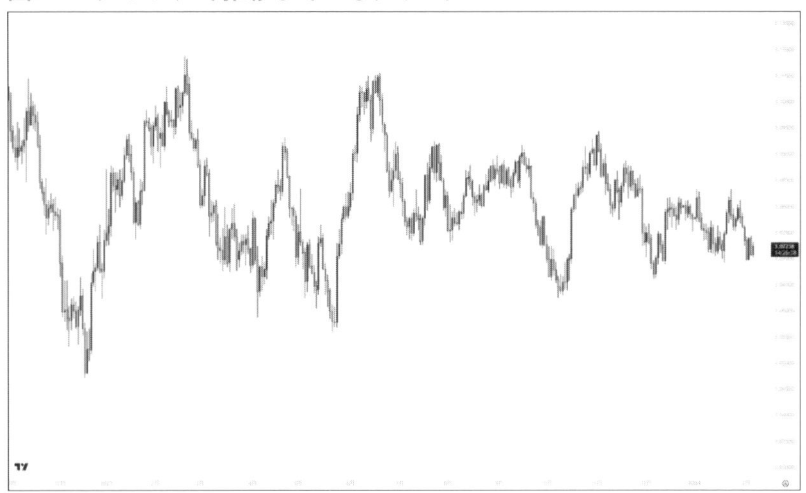

レンジ相場のチャートに水平線を引く際は、目立つ高値や安値ばかりに目を向けるのではなく、**過去に行われた「リテストの動き」**に注目します。つまり、レジスタンスとサポートの反転を確認できるレートが、高安値に複数回影響を及ぼしている場合に水平線を引きます(図2-2)。

図2-2 ▶ レンジで推移しているチャートに水平線を引く

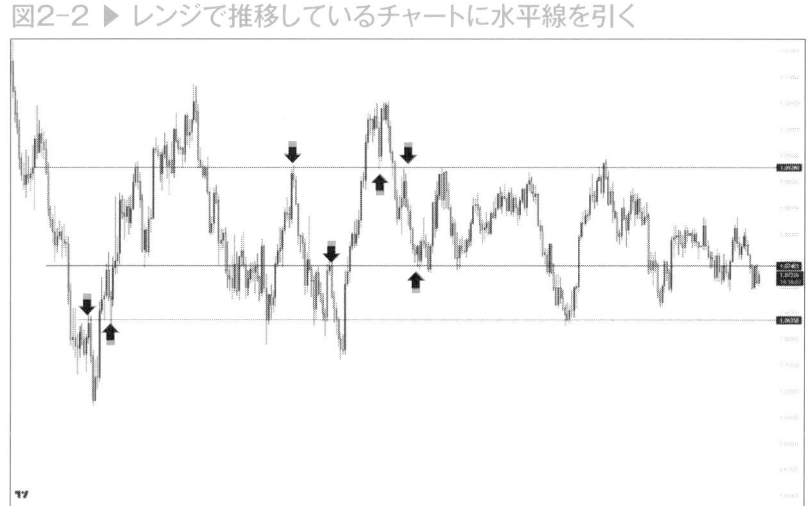

この方法では、チャート画面に表示されている範囲内のレンジ内部のみに水平線を引くことになるので、レンジの上限や下限のラインを引くことができません。

そのため、レンジの形成に影響を与える可能性のある、より過去の値動きを探して、レンジの外枠のラインを見つける必要があります(図2-3)。そして、最初に引いたレンジのラインも再確認し、過去のポイントでの反応の有無から、再度ラインを吟味する作業を行います。

図2-3 ▶ レンジで推移しているチャートをさかのぼって外枠を探す

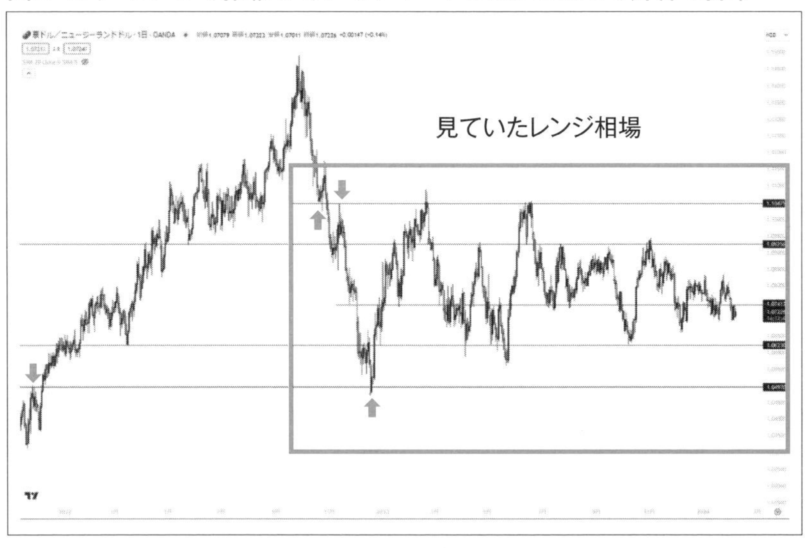

図2-4 ▶ レンジ内のラインが意識されているかを確認し、吟味する

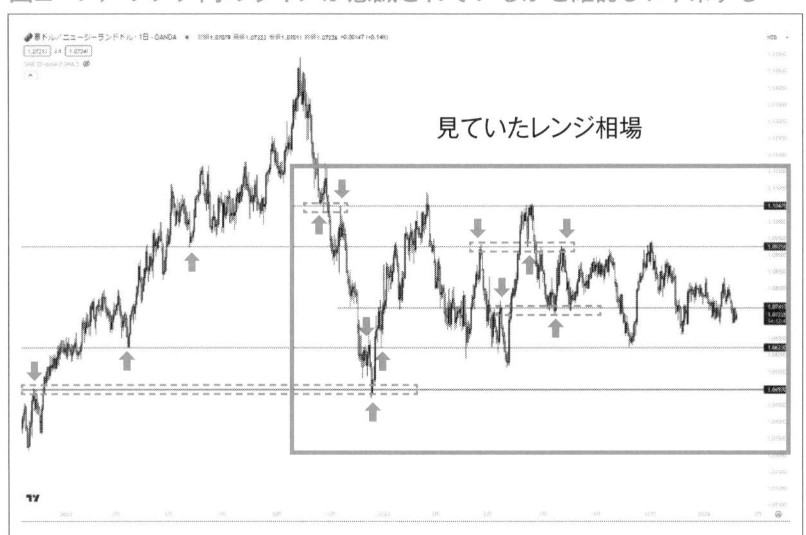

これにより、最初に見ていた時間足でのレンジの範囲に対して、リテストを基準にした水平線を引くことができました（図2-4）。これが、水平線の引き方のベースになります。あとは自分がラインを引きたい時間足に対し、同じ要領でライン引きを行っていきます。

今回のチャートであれば、レンジ幅が縮小していて直近の値動きに対してのラインがない状況なので、この直近のエリアに対して時間足を落としてラインを引いて見ていきます（図2-5）。

図2-5 ▶ 直近の値動きに対してラインが不足する場合、下位足を見る

同じ要領でリテストに注目し、高安値を継続的に通っているラインを引き、上位足と下位足のラインを1つのチャートにまとめれば、図2-6のようなラインが引けるかと思います（図2-5の青枠を拡大）。

図2-6 ▶ 拡大したチャート

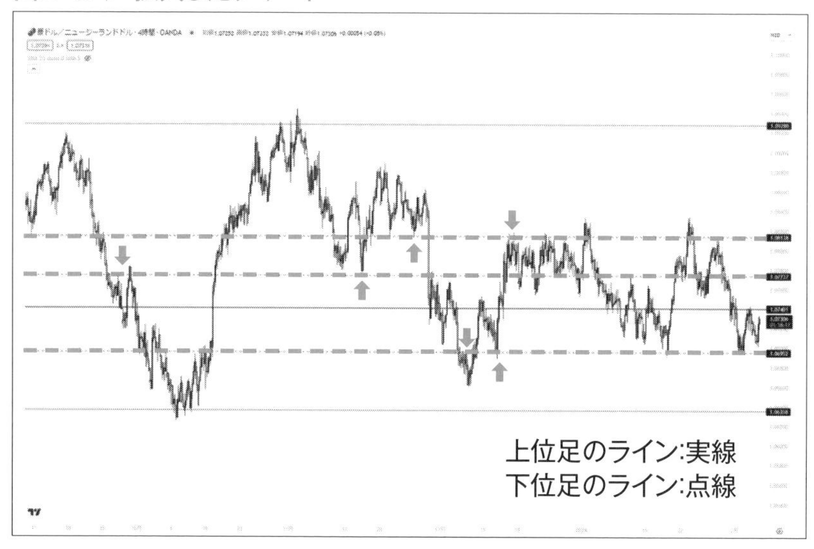

● **重要な水平線はどこかのリテストによって作られている**

ここまでの2つの時間足の例を見て、リテストを基準に水平線を引くイメージができたかと思います。当然ながら何度も繰り返し反発があり、明らかに優位性があるのにリテストを見つけられなければラインを引いてはいけない、というわけではありません。

私の経験則から、そういった意識されやすい水平線や重要な水平線はどこかのリテストによって作られていることが多いため、リテストを基準に探すといいと書いているにすぎません。

もし、ここまで読んだ方の中に「明らかに4回、5回と明確な反発があって意識されているのに、その水準で起こるリテストがないからラインを引けない」という断定的な認識でチャートと向き合おうとしてしまった方がいたら、注意が必要です。ライン引きやチャート分析はそのように頭でっかちに考えるのではなく、ある程度の柔軟さが求められます。もしリテストを基準にラインを引いたあとに明らかに反発が繰り返されているレートがあれば、第1章で説明した優位性という観点からそこに水平線を引くことは間違いでないと理解できるはずです。

ラインは帯で見る

水平線に限らず、ライン引きというと、「ヒゲで取るか、実体で取るか」という議論がよく見られます。個人的には、その厳密なルール化は必要ないと考えます。なぜなら、ラインを引いたあとの分析では、そのライン周辺の反発も含めて抵抗帯として捉えることが一般的であり、実体とヒゲの差程度であれば、その範囲に収まることがほとんどだからです。

図2-7 ▶ ヒゲと実体の帯で捉える

ヒゲ同士を結んだラインのみで相場を見たほうがトレードはやりや

すくなると思いますが、特に時間足以上では1本のラインでピタピタに相場が機能し続けることはほとんどありません。ある程度の上下のズレは存在します。

先ほど「レンジにおける水平線」で引いたラインも、このズレの範囲も含めて抵抗帯として見ることで、チャートがよりわかりやすくなり、リアルタイムで作られていく未来の細かい値動きにダマされにくくなります（図2-7）。

● 帯に対する自分なりの立ち回りを決める

帯に対するトレードの立ち回りの具体例でいえば、1本のラインでポジションを一気に持つよりも、帯の範囲で少しずつポジションを持つことで機会損失を防いだり損失のリスクを軽減したりすることが可能です。あるいは、帯の中にレートがある間は弾く・抜けるの判断を曖昧と見て、完全に様子見エリアとも認識することができます。

対極的な例を2つ挙げたように、帯に対する適切な立ち回り方は個々の考え方によりますが、常に1本のラインで反発点を予測するよりも、幅を持たせて予測したうえで立ち回ることで柔軟な対応を可能にします。これは私の経験則からもお伝えしたい点です。

Check!

- 水平線を引く際は、リテストが確認できるレートで複数回高安値を捉えている部分にラインを引く
- 大元のレンジの上限や下限のラインを見逃さずに、レンジの外側のラインも見ていく
- ラインを1本の線としてだけでなく、帯の範囲として捉えることで、相場の動きに対して柔軟に対応できる

06 トレンドにおける水平線の引き方

水平線を引く原則に変わりはありませんが、レンジにおける水平線が事実をもとにラインを引くのに対して、トレンドにおける水平線は一般的なセオリーを反映したラインを基本とします。

リテストを通じて価格の反発を示す

レンジ相場では、リテストを基準に複数回反発する水準に水平線を引くと説明しました。しかし、トレンド相場においてはレートが一方向に進み、複数回反発する水準に水平線を引くことは難しくなるため、トレンドの規則性を用います。

トレンドの規則性とは、上昇トレンドであれば波の高値が次の安値になりやすい傾向のことで、下落トレンドではその逆です。さまざまな書籍における図示や過去チャートからも、このパターンが確認できます（次ページ図2-8参照）。

この理解はラインを引く際の重要なポイントですが、レンジのように反発回数が多いラインを選択しているわけではありません。

そのためこのような図は、**トレンドがきれいに推移する場合の理想的な値動きを示していると考え、実際のチャートへの適用において暗記しておくべき基本原則**と位置づけたほうがいいでしょう。

図2-8 ▶ トレンド発生時の水平線の考え方

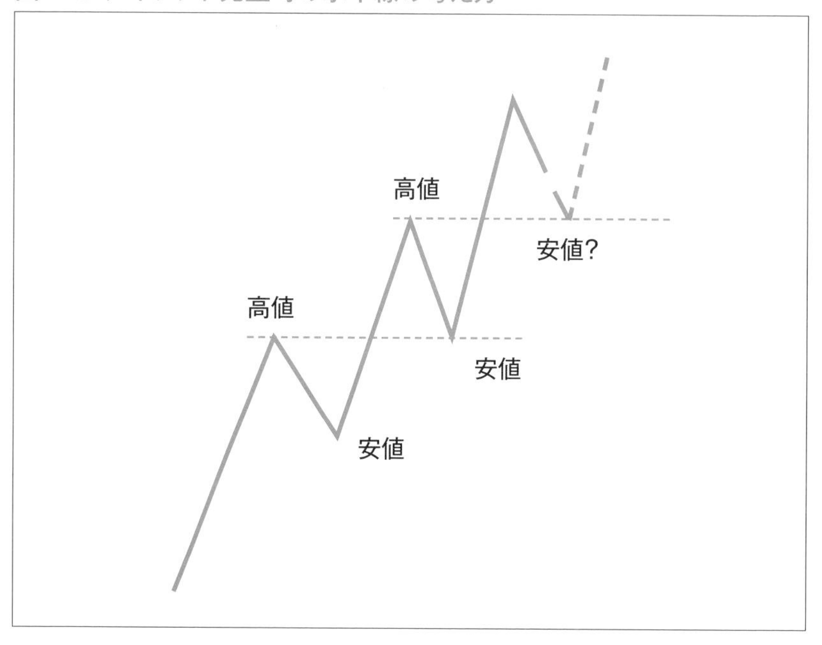

次の図2-9、図2-10のように、高安値近辺でのリテストが確認されたあと、そのラインを何度か試す動きが見られれば、その時点のトレンドで引いた水平線を有効活用できます。

しかし、このようなパターンだけではなく、ラインを引いた段階ですでに次の動きが始まっていることも多いため、そのトレンドでのトレードには役立たない場合があります（図2-11）。

このようなリテスト後に価格がその水準に戻ってこない値動きの場合、そのトレンド部分だけでラインを引いてトレードすることは難しくなるため、そのトレンドよりも前の値動きの範囲を見てラインを引いておく必要があります。これは、レンジにおける水平線の上限と下限のラインを引き方と同じ考え方になります。

図2-9 ▶ リテストの事実を確認してしラインを引く

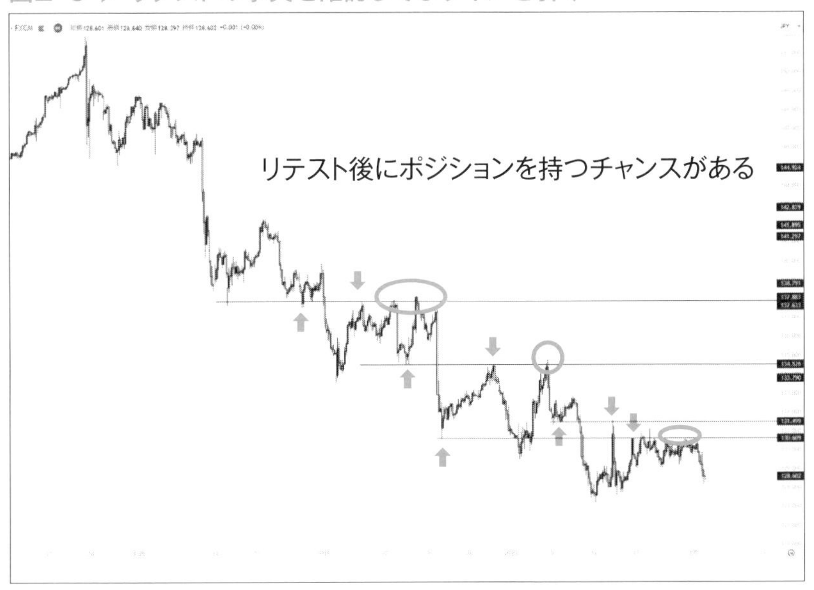

図2-10 ▶ 帯部分でトレードチャンスがある

図2-11 ▶ リテストしたが戻ってこない

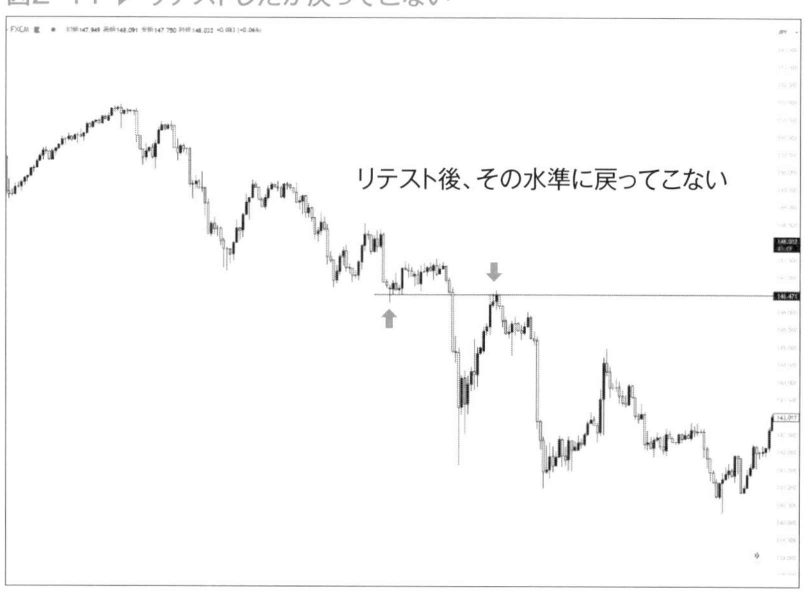

● 基本のセオリーと過去の反発がある事実を根拠にしていく

図2-12のような下降トレンドでは、左側の上昇トレンドでリテストの動きがあり、その価格水準まで下落してきたときに反発していることがわかります。そのため、下抜けして同じ水準まで戻ってきた場合には、そのラインが今度はレジスタンスとして機能する可能性があると予測できます。

実際にリテストが起こるかどうかはそのときにしかわかりませんが、リテストが起こらない場合は損切りすればいいだけです。基本のセオリーと過去の反発がある事実を根拠にして、リテストを狙ってポジションを持つことも1つの選択肢となります。

図2-12 ▶ さかのぼってリテストの動きを見つけておく

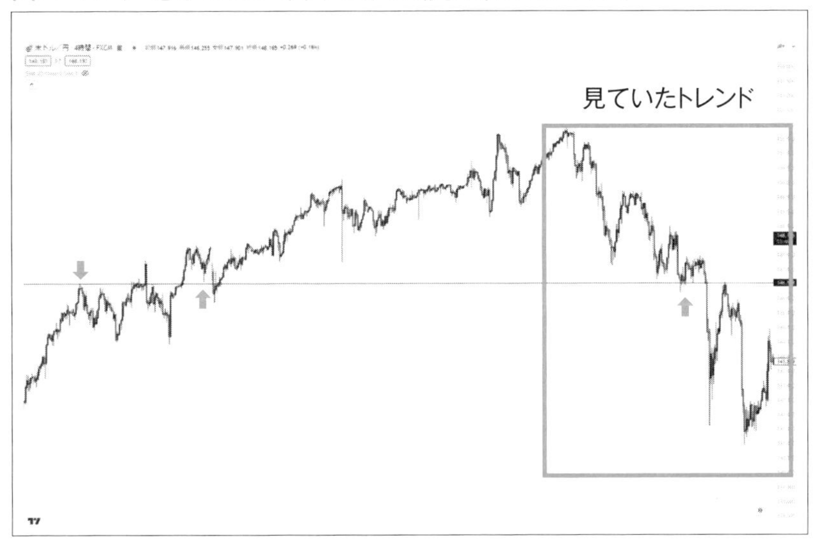

図2-13 ▶ 帯部分でトレードチャンスになる

図2-14 ▶ チャートの左側を見て線を引く

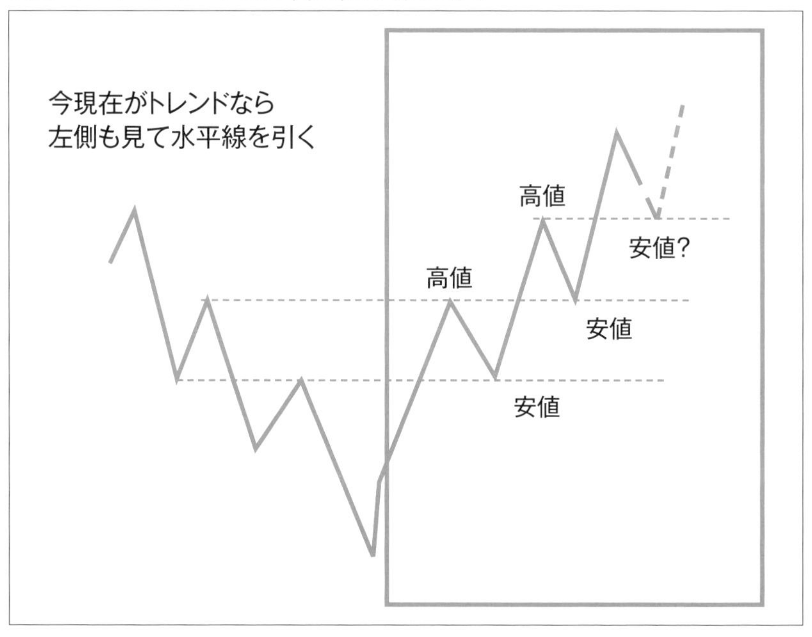

図2-15 ▶ 5分足でのリテストの局面

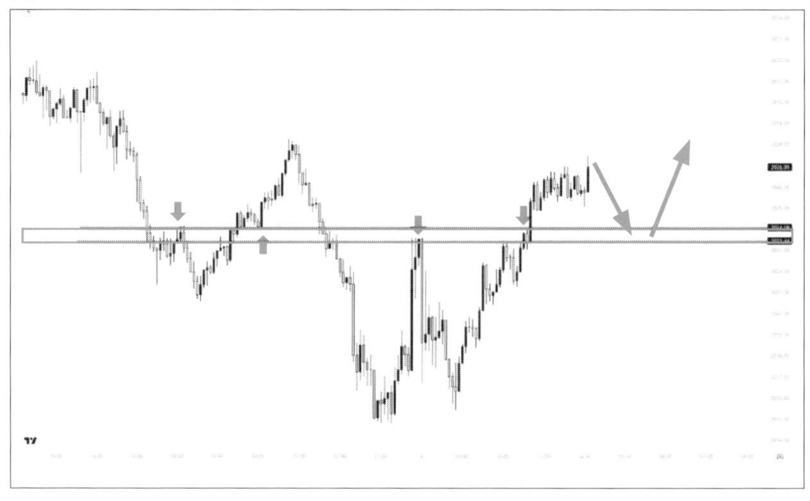

図2-16 ▶ リテスト後に上昇

レンジ・トレンドにかかわらず、時間足が4時間足や日足であっても、1分足や5分足であっても、見ている範囲を狭めていても、考え方は基本的に同じです。

最後に、短い時間足の例として5分足を挙げておきます（図2-15、図2-16）。これは非常に基本的な内容ですが、水平線を引く際のイメージが不明確であったり、無計画にラインを引いていた方は、ぜひ練習をしてみてください。

Check!

- トレンドにおける水平線は、トレンドの一般的な規則性とトレンド前の値動きを元に考える
- レンジにおける水平線と比べて、ライン自体の反発の事実は少なくなりやすいため、経験や観察、過去検証による値動きのイメージを持っていることが重要

07 トレンドライン迷子のための解決法

トレンドラインの引き方に迷っている人のために解決策を考えていきます。ここでは「明らかなトレンドライン」と「雑なトレンドライン」に分けて解説します。

雑なトレンドラインと明らかなトレンドラインの違い

次に、トレンドラインを引く際のポイントに移ります。

トレンドラインは直近の高値同士や安値同士を結ぶだけのラインで、特に難しいことはありません。しかし、水平線と同様に、どこでも引けてしまうことや、「ヒゲ同士なのか、実体同士なのか」の議論が頻繁に起こる部分でもあります。

私は日々X（旧Twitter）でポストを投稿したり他のトレーダーの発信を見たりしていますが、人によって引き方が異なり、どこにでも引けるトレンドラインは使えないという否定的な声もよく聞かれます。

この章は「ラインの引き方」に焦点を当てていますが、1つだけ先に述べておくと、確かにどこにでも引けてしまう「雑なトレンドライン」だけを使ってトレードする場合には根拠が不十分かもしれません。

しかし、「明らかなトレンドライン」は十分な取引根拠となり、後に登場する平行チャネルや値幅と角度のラインの基盤となります。

さらに、雑な2点で引けてしまうようなトレンドラインでも、第3章で説明する「ラインのクロス」や「横軸」を考えるうえでは必要不可欠な要素です。そのため、読者のみなさんにはトレンドラインというテクニカルに対してネガティブな先入観を持たず向き合ってほしいと思います。

1.明らかなトレンドライン

まず、**「明らかなトレンドライン」とは、自分が分析する時間足で、目視で見当がつくほど規則的に見える高値・安値の切り上がりや切り下がりのラインのことです。**この「目視で見当がつくほど」とは、細かな値動きではなく、トレンド方向に進む波や押し戻りが明確に見え、**その起点がほぼピッタリと3点以上規則的**になっていることを指します。

次ページの4つのチャート（図2-17～図2-20）を見ると、トレンドラインが値動きの起点になっていることがわかると思います。

ラインがないチャートでも、3点以上の波の起点が規則的に並んでいれば、「ここにトレンドラインが引けそうだな」という感覚が得られるでしょう。明らかなトレンドラインとは、こうした目につく部分が、直線であるかを確認し、チャート上に残したものです。

図2-17 ▶ 値動きの起点になっている①-1

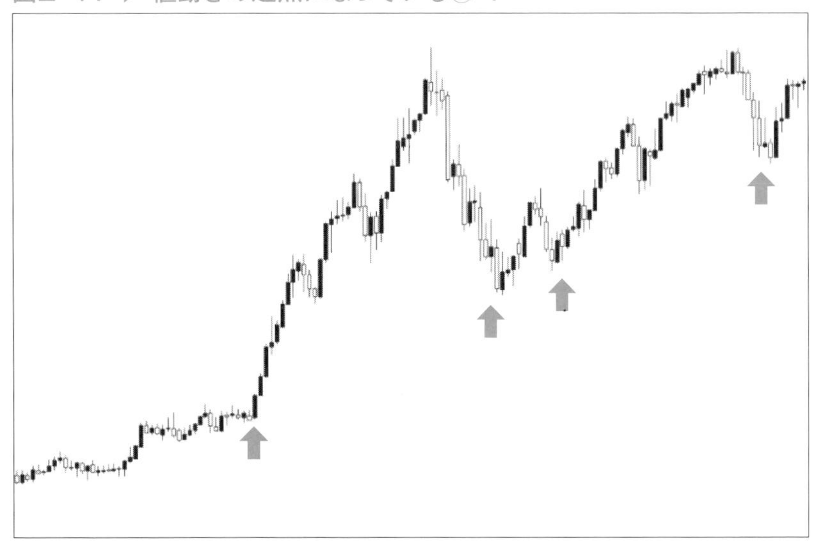

図2-18 ▶ 値動きの起点になっている①-2

図2-19 ▶ 値動きの起点になっている②-1

図2-20 ▶ 値動きの起点になっている②-2

明らかなトレンドラインを引く際、「ヒゲ同士を結ぶのか、実体同士を結ぶのか」という点については、水平線と同様に幅を持たせるので、厳密なルールを設ける必要はありません。

下降トレンドであれば、その時点までの規則的な高値同士を結び、はみ出た部分を帯状にします。**この帯までは抵抗帯であると認識し、トレンドの高値を完全に覆うことがポイントです。**

つまり、明らかなトレンドラインには図-2-18、2-20のようにラインを帯にせず高値・安値を網羅できる場合だけではなく、3点がきれいな規則性で通ったうえで他の高安値が多少飛び出たり、ラインに届かない部分があってもよいということは理解しておくべきです（図2-21、2-22）

●「明らかなトレンドライン風の雑なトレンドライン」が多い

一方で、図2-23のようなトレンドラインを引いている人も多くい

図2-21 ▶ 明らかなトレンドライン（3点+ヒゲが飛び出ている）

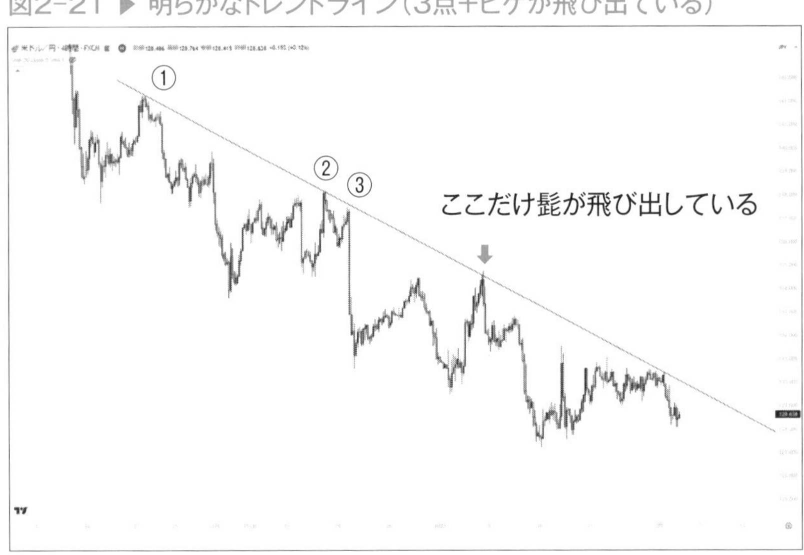

図2-22 ▶ 飛び出た部分も含めて明らかなトレンドラインとする

ます。一見するとうまく引けているように見えますが、2点を結んで引いたラインに届いていない部分、貫通している部分があります。このような場合は3点がなく、ラインの内と外に帯ができてしまうため、私の基準では明らかなトレンドラインとは見なしません。

このようなバランスを取るラインを引くスキルは、後ほど紹介する平行チャネルや値幅と角度のラインでも必要になります。ただし、自由な2点で引けるトレンドラインを単体の根拠とすると、あまりにも自由度が高くなりすぎてしまいます（ラインが引きたい放題になる）。

「引いてはいけないライン」とはいいませんが、「雑なトレンドライン」に含まれると認識しておきましょう。

トレンドラインが信用されない理由の1つに、このような「明らかなトレンドライン風の雑なトレンドライン」での失敗経験ばかりを積み重ねた人の声が大きくなっているのではないか、というのが私の持論です。雑なトレンドラインと明らかなトレンドラインを区別していなければ、

図2-23 ▶ 明らかなトレンドライン風の雑なトレンドライン

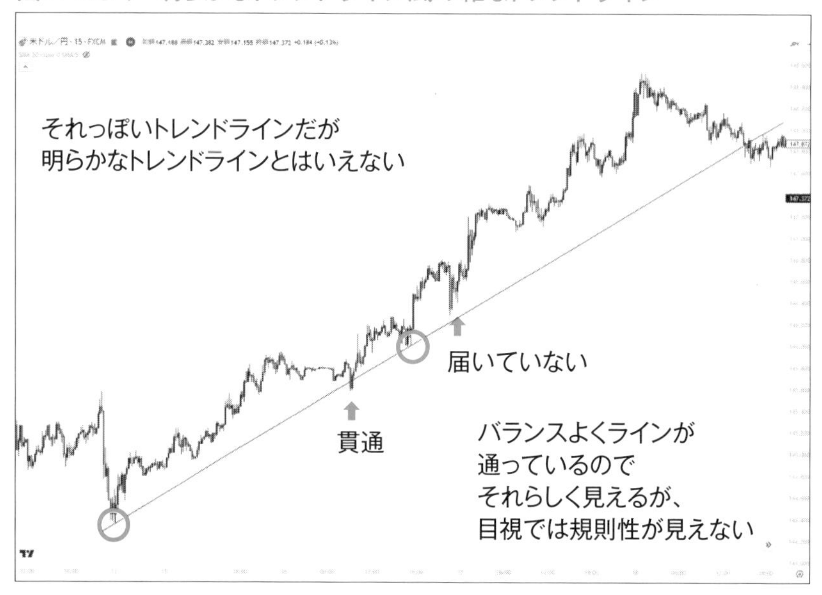

図2-24 ▶ 明らかなトレンドラインを引くなら3点に合わせる

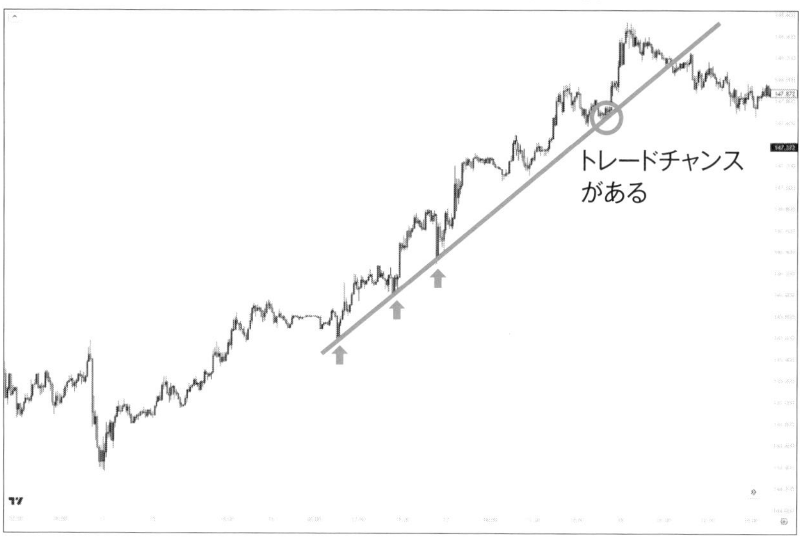

どこにでも引ける雑なトレンドラインでの取引が多くなるのは当然です。

その結果損失を繰り返し、「トレンドラインは信用できない」という結論に至るのも納得がいきます。

● 自分の分析する時間足

次に、この節の最初に述べた「自分の分析する時間足で」という言葉の意味について説明します。

図2-25、2-26のように、4時間足レベルではわずか5本のローソク足ですが、同じ期間を5分足で見てみると240本のローソク足になります。

5本のローソク足でラインを引くことは不可能に近いですが、5分足に落とした240本のローソク足に対してラインを引くのは容易です。当たり前の話ですが、時間足を変えることで、見えてくるものが変わ

図2-25 ▶ 4時間足では5本の陰線

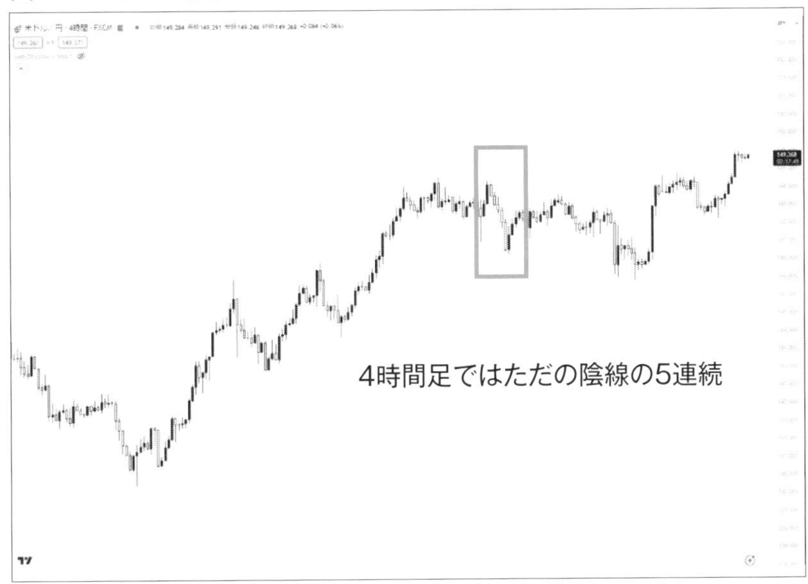

図2-26 ▶ 5分足で見れば240本のローソク足

るということです。

これをどこまでを探してラインにしておくかはそれぞれのトレードスタイルによるので言い切ることはできません。私の場合、15分以下のラインは実際のエントリーのタイミングのときにトレード用のソフトのチャートにだけ引くようにして、分析用のTradingViewには引かないことのほうが多いです。それは、私が時間足以上のチャート分析を重要視しているため、下位のラインをすべてチャートに描くと上位足で見たチャートが見づらくなってしまうためです。

さらに言うと、時間足以上を重要視しているといってもMTF（マルチタイムフレーム）で分足レベルも確認しているので、明らかなトレンドラインであればわざわざ引いておかなくても規則性が目に入る、というのも理由になります。

このように、自分が主体とする時間軸や確認するチャートに合わせてどこまでライン引きをしておくかというのは、自分自身で考えていく必要があります。

● 帯の部分で反発が起こる

図2-26の下位足のチャートで帯のメリットが出ていたので、そのまま同じチャートの先の値動きを見ていきましょう（図2-27）。

「明らかなトレンドライン」の帯の部分で反発が起こっているのがわかります。最初に書いたように、本来トレンドライン単体で2点を結ぶ程度ではトレードの根拠になり得ません。ただ、この帯のラインはその直下に4点を押さえた「明らかなトレンドライン」があり、その帯として引かれたラインと考えれば、雑なラインとは少し見え方が変わるはずです。

ラインとしては2点を結んだだけですが、そのラインを引くためのルールが存在し、どこにでも引ける2点ではないということが重

図2-27 ▶「明らかなトレンドライン」の帯の部分で反発が起こっている

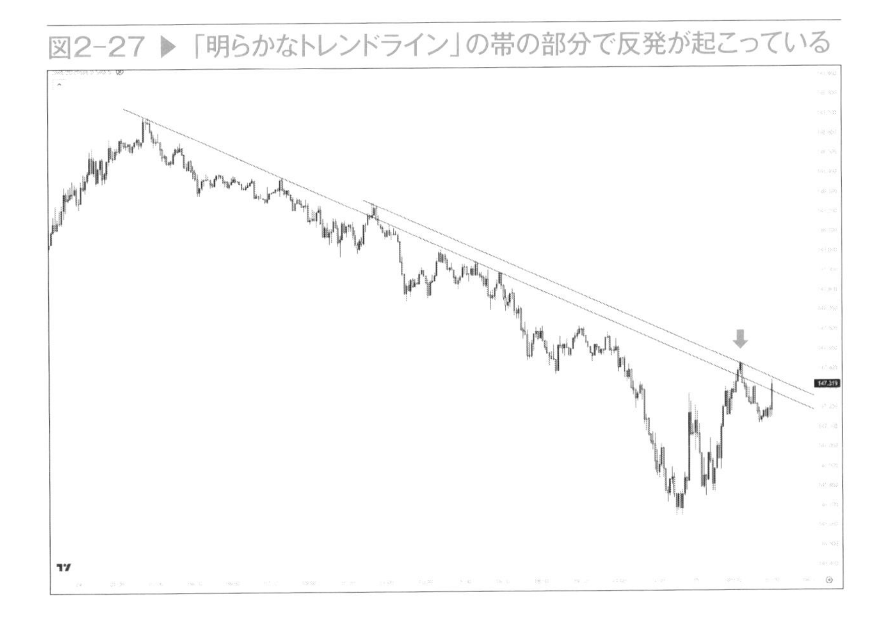

要です。

もし、この帯を無視して4点を押さえたラインだけを引いてショートのポジションを持った場合、「明確なトレンドラインを抜けたからショートを損切りして、ブレイクでロング」という戦略で往復ビンタを食らってしまう可能性もあります。

水平線の項でも触れたように、帯の存在を認識することで、ポジションを持つ範囲を設定したり、損切りの幅を考慮したりすることができるということです。

2.雑なトレンドライン

次に、「雑なトレンドライン」についても簡単に説明します。

雑なトレンドラインは、単体で積極的にトレードするべきではないと私は考えています。このタイプのトレンドラインは、2点目らしき高値や安値ができるたびに、次の3点目を狙って引かれるものです。

図2-28を見てください。至るところに2点を結んで斜めのラインを引くことができてしまうため、こうした単一の根拠だけでトレードするのは優位性がない、ということです。

斜めのラインで2点を結んで3点目を予測すること自体は悪いとはいいませんが、**チャート上にある2点を闇雲に結んで、3点目を期待して単一の根拠でトレードするのは望ましくありません。**

私は状況に応じてこのような雑なトレンドラインも使いますが、それは単一の根拠ではなく、他の根拠と組み合わせて考えるときに使用

図2-28 ▶ 積極的にトレードすべきではない雑なトレンドライン

します。どのような状況で2点を結ぶラインを使ってトレードするかは、第3章で詳しく説明します。ここでは、「雑なトレンドライン」と「明確なトレンドライン」の違いを理解しておくことが重要です。

図2-29 ▶ 明確なトレンドラインと雑なトレンドラインの例

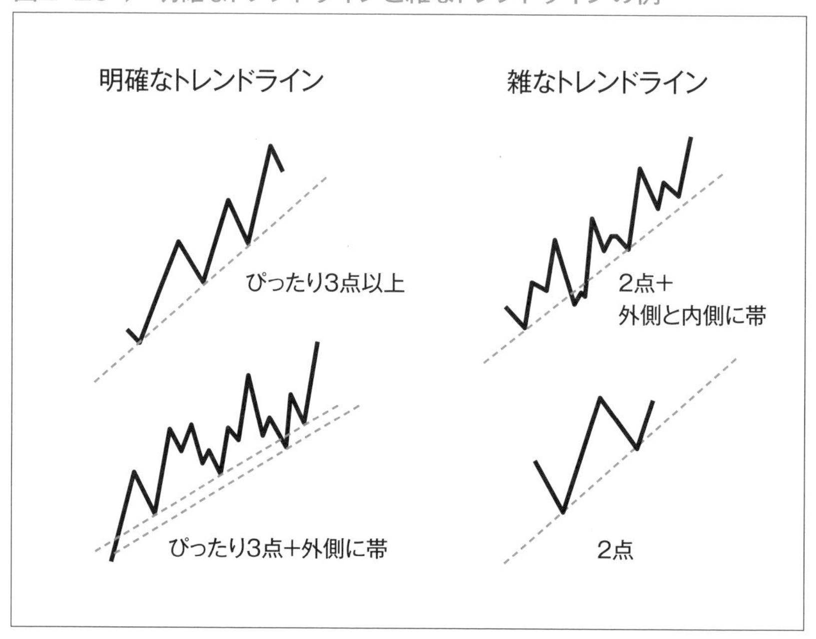

Check!

- 「明らかなトレンドライン」は、根拠のあるトレードを可能にし、平行チャネルや値幅と角度のラインの基盤となる
- 「雑なトレンドライン」は単独の根拠としては弱く、他の分析と組み合わせて考える必要がある

08 効果的な平行チャネルのポイント

平行チャネルの引き方には緻密なバランスが求められますが、トレードの根拠としての有用性は高いものがあります。ここでは平行チャネルをうまく引けるように意識するポイントと、早く見つける方法について解説します。

平行チャネルのバランスとトレードのポイント

平行チャネルは高値・安値の切り上がり、切り下がり幅がほぼ同一となる値動きに対して引かれるラインです。言葉の通り「高安値の切り上がり、切り下がり幅がほぼ同一となる値動き」にしか引くことができないラインなので、トレンドラインや水平線よりもラインを引く条件が厳しく、ある程度の再現性を兼ね備えたラインといえます。

上限と下限のラインに目を向けられがちですが、**重要になるのは、その高値・安値の切り上がり、切り下がりの２本のライン中間に表示されるセンターライン（ミドルライン）です。**上限と下限のラインに加えてこのセンターラインにも反応が見られる場合、その平行チャネルは意識されやすく、早期に見つけることにもつながります（次ページ図2-30、図2-31）。

図2-30 ▶ 上昇チャネル

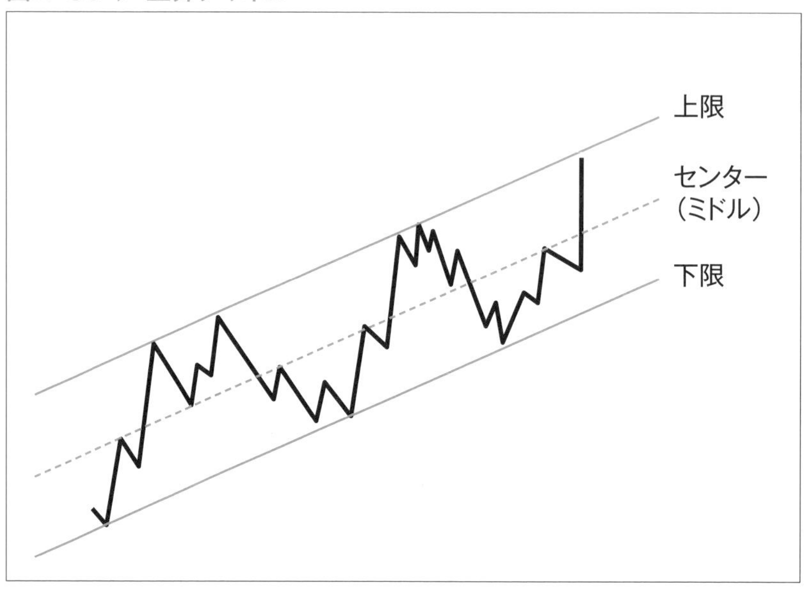

図2-31 ▶ 下降チャネル

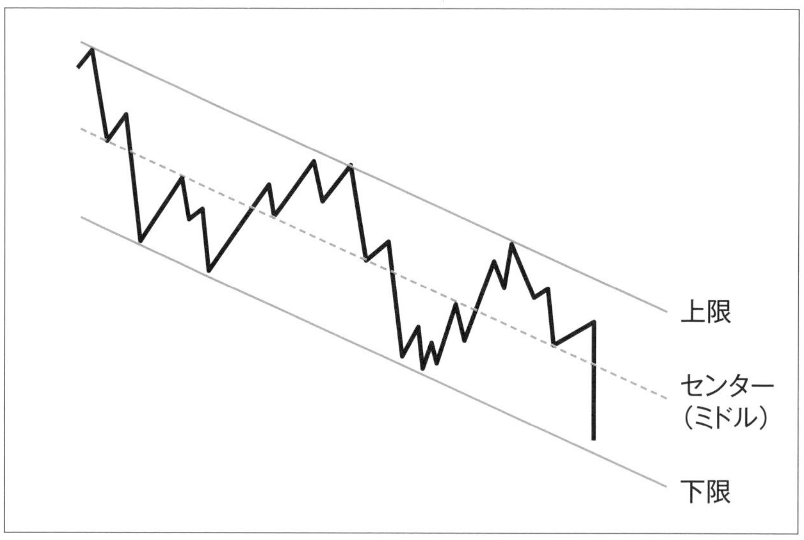

図2-32 ▶ 上限+下限+センターで何度も反発している

● きれいな平行チャネルは上限+下限+センターで何度も反発する

図2-32を見て、上限+下限+センターで何度も反発していることがわかります。こういったきれいな平行チャネルは単体でもトレードの根拠として十分な材料になるので、上限や下限は積極的に狙っていきたいトレードポイントになります。

直前に「明らかなトレンドライン」の話をしているので、そのときの「ほぼピッタリ3点」の条件から比べると、「ヒゲが何度も飛び出たり、ラインに届いてなかったりするけどこれでいいの…？」と感じるかもしれません。しかし、最初に書いたように「平行チャネルは引ける値動きの条件が限定」されています。もしこの値動きの条件の限定に加えて、ピッタリといった要素まで加えたら平行チャネルなんてほぼ引けませんし、引けても歪(いびつ)なものになってしまいます。そうならないために、トレンドラインのページにも記載しましたが、**ある程度**

平行チャネルになりそうな値動きを見つけたら、上限、下限、センターと、全体のバランスを取って平行チャネルを引きます。

平行チャネルの引き方におけるバランスの重要性

● ①帯が狭くなるように心がける

たとえば、図2-33のように機械的に下限のピッタリとしたトレンドラインを基準にして平行チャネルを引いてしまうと、チャネルの角度が固定されてしまい、上限ラインに届かなかったり貫通する部分が頻出する問題が生じます。加えて、下限側の4点目もラインから大きく離れているのが確認できます。これまでのライン引きの要領で帯を作ると考えても、極端に大きい帯ができてしまうのは想像がつくでしょう。

図2-33 ▶ 下限のトレンドラインだけを頼りにすると問題が生じる

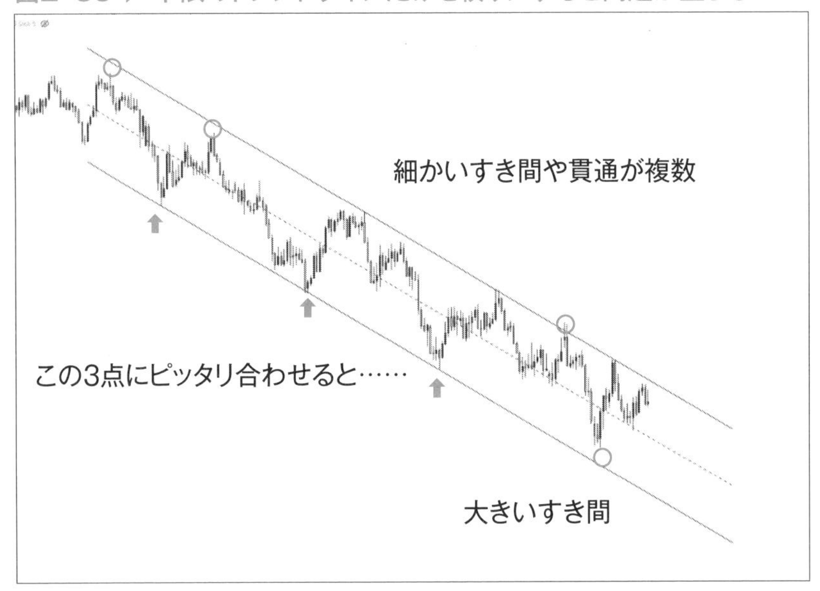

帯は狭ければ狭いほどトレードがしやすくなるため、平行チャネルを引く際には各帯の幅が狭くなるように心がけてください。

● ②センターラインに反応しているかどうか

図2-34を見てください。先ほど下限のピッタリなトレンドラインに合わせた際にズレが大きかったため、今度は上限にある規則的な高値から3点をピックアップして結んでみました。

この場合、先ほどのトレンドラインと比較すると下限のズレが少なく、バランスよくラインが通過していることがわかると思います。最後の高値の空間がやや広いように見えますが、2つ目と3つ目の矢印の間の高値を結んで帯にすればそれほど違和感がないように見えます。

上限と下限のバランスが取れたため、ある程度形になっていますが、ここで注目すべき点は2つ目の矢印以降、センターラインがほとんど無

図2-34 ▶ 上限全体の規則的な高値に合わせてみる

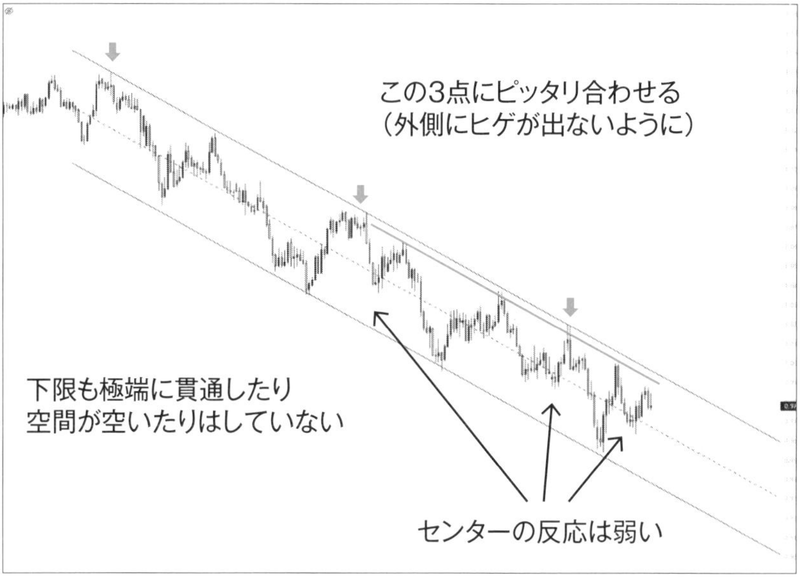

視されている状態になっていることです。最初に述べたように、上限と下限に加えてセンターラインも含めてバランスを取ることが理想的です。

● ③全体のバランスを見て微調整していく

では、さらにバランスを取れないかを上限にある別の3点をピックアップして考えます。最初の規則的な3点を基準に平行チャネルを作ると、先ほどの例に比べてセンターラインに近いところに安値ができていることが確認できます。

上限のヒゲがやや飛び出ている形になっていますが、2つ目の例の上限の内側に帯を作るのと同程度の誤差であることから、この例のほうが全体のバランスが取れているのではないかと考えられます。このように、全体のバランスを考えて微調整するのが平行チャネルの引き方のポイントであり難しさでもあるといえます。

図2-35 ▶ 最初の規則的な上限の3点を基準にしてみる

この3点にピッタリ合わせる
（内側の空間が出ないように）
下限も極端に貫通したり
空間が空いたりはしていない
センターの反応
ズレは他と比較して軽度

つまり、チャネルの基準となる角度が複数ある平行チャネルを引く際には、全体のバランスを考慮し、最適な形に調整する必要があります。これによって、トレードの精度や成功率が向上し、市場の変動に対する適切な対応が可能となります。

図2-36 ▶ 上限、下限、センターに帯を作る

平行チャネルを早く見つけるポイント

次に、「平行チャネルを早く見つけるポイント」について説明します。

先ほど紹介したような平行チャネルは、何度もチャネル内を往復しているため、トレードチャンスが複数回訪れますが、実際には早い段階で抜けてしまうこともあります。これは、チャネルに気づいたときにはすでにチャネルの規則性が終わっているパターンです。

このような状況を避けるためには、平行チャネルが形成される可能性を予測し、上限や下限の反発回数が少ない段階から仮の平行チャネルを準備しておくことです。

例えば図2-37を見てください。このチャートを見て平行チャネルを引ける値動きだと感じる人は少ないでしょう。この段階では、せいぜい安値の切り上がりに気づき、「もしかしたらトレンドラインを引けるかな？」程度の感覚にとどまるかと思います。

チャネルを引くためには同様の角度で高値が切り上がる必要があるため、この段階では平行チャネルのイメージとはかけ離れています。

図2-37 ▶ 平行チャネルを引ける値動きではない?

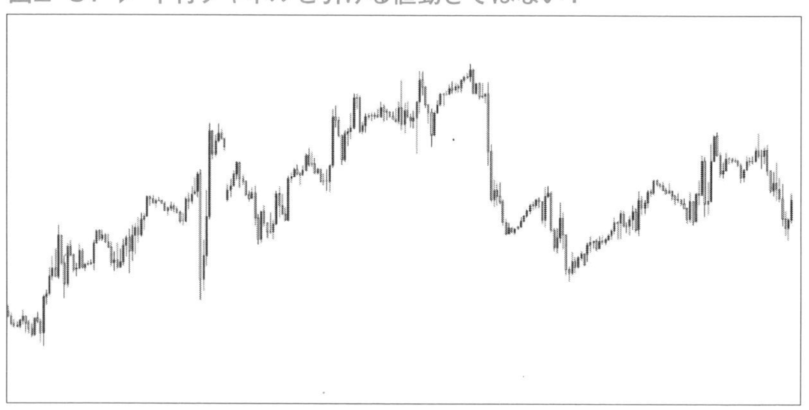

● 平行チャネルが機能する可能性を探っていく

ですが、このように見たらどうでしょうか？　図2-38を見てください。

上限のラインにまだ1回しかタッチしていないことから、高値の切り上がりは存在していません。しかし、センターラインでの頻繁なリ

図2-38 ▶ センターの頻回なリテストを確認しチャネルを引く

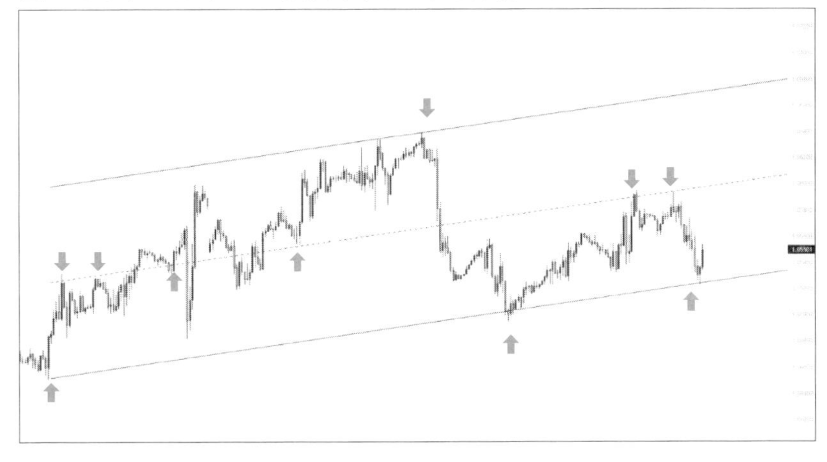

テストがすでに行われていることがわかります。

つまり、この段階で下限と同じ角度で上限の切り上がりが確認されていないとしても、下限の3点に加えてセンターラインの明確な反応があることから、今後この平行チャネルが機能する可能性があることが感じ取れます。

このように、一般的な平行チャネルの形が現れる前に引ける可能性に気づき、それに備えることが重要です。これにより、本来トレードチャンスとして発見しにくいポイントでトレードすることが可能となります（図2-39）。

チャート上で切り上がりや切り下がりの角度を見つけたときには、対側に同様の角度の切り上がりや切り下がりがなくても、対側の1点との真ん中（センター）に同じ角度のラインが存在しないかを確認します。**このようにして、常に平行チャネルの可能性を探ることが「平行チャネルを早く見つけるポイント」**です。

上限や下限の角度がセンターラインで機能していたとしても、その後の値動きが必ず平行チャネルのように規則的に動くことは断定でき

図2-39 ▶ 平行チャネルを想定したトレードが可能になる

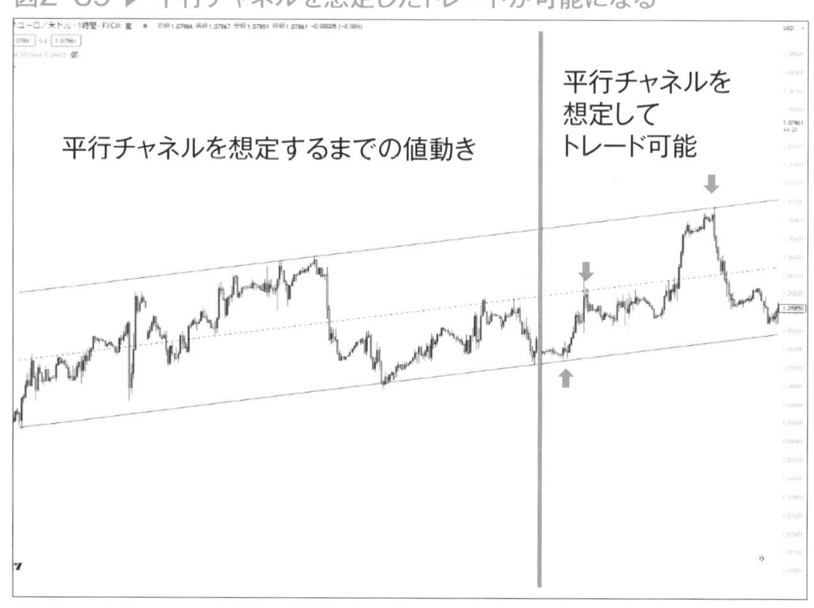

ません。ただし、平行チャネルの上限や下限を狙うことは方向感が明確であり、損切りリスクに対してリワードが大きいため、十分に狙う価値のあるトレードといえます。

Check!

- 平行チャネルは上限、下限、センターラインのバランスが重要
- 平行チャネルを早く見つけるためには、片側の切り上がりや切り下がりの段階でチャネルの可能性を視野に入れ、形が明確になる前に準備をしておく

09

「値幅と角度のライン」で見つける重要ポイントが勝利への鍵

「値幅と角度のライン」は私のライントレードにおける最も重要なラインであり、その引き方が勝利へのカギを握ります。ここからは、このラインの背景の考え方から実際の引き方まで解説していきます。

トレードの核となる重要ツール

本章の最後に、私が「値幅と角度のライン」と呼んでいるラインについてお話しします。これまでの3つのラインとは異なり、一般的な呼び名がわからないので、本書では「値幅と角度のライン」と呼びます。

このラインは、基本的には平行チャネルの応用として位置づけられます。平行チャネルは、トレンドラインや水平線に比べて引ける値動きが限られるため、再現性が高く、上限や下限などの明確なトレードポイントが可視化される優れたツールです。

しかし、平行チャネルを引ける状況が限定的なため、もっとチャート上のランダムな値動きを平行チャネルのように見ることができないかというのを考えました。その結果生まれたのが「値幅と角度のライン」です。

文章で説明するのが難しいため、まずは実際のチャート上に引かれたラインをご覧ください。

図2-40 ▶ 私のライントレードの核

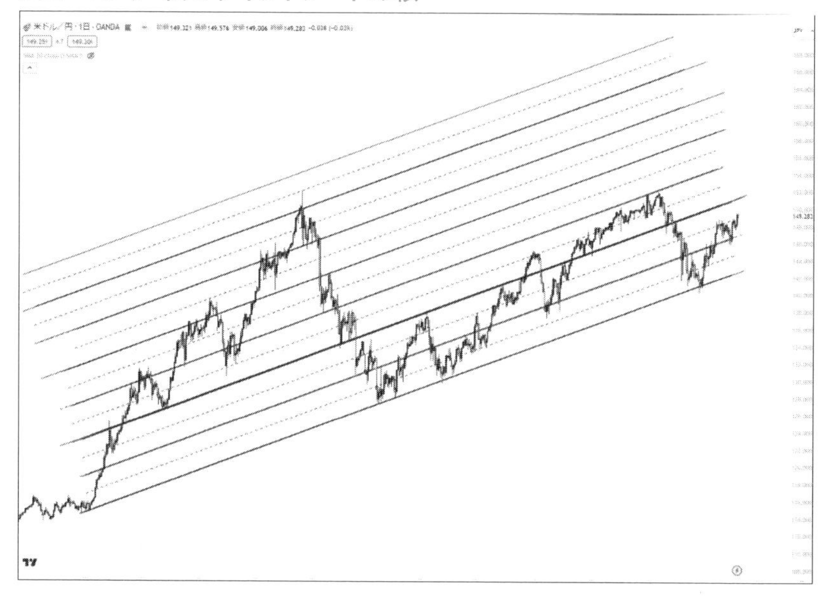

「あぁ、こういうチャート見たことある」と思う方、「なんじゃこれ」と思う方、いろいろいらっしゃると思いますが、私のライントレードの核になるのはこのラインです。

このラインを核に使った相場分析を毎週YouTubeに3年以上投稿していますし、私がSNSに載せるチャートのほぼすべてにこのラインが引いてあります。

もちろん、このラインだけでトレードが完璧に立ち回れるかといえば完全にNoです。ただ、このラインを使ってある程度大きい時間足の重要になりそうなポイントや反発点となるレジサポを見つけ、そのレジサポと基本的なテクニカルを併せてシナリオを立てトレードをしています。

背後にある考え方

ラインの引き方の前に、この「値幅と角度のライン」について少し説明しておきます。このラインは見ての通り平行チャネルを重ねているだけです。それにもかかわらず、チャート上の多くの高安値を網羅して見えるので、このようなラインに馴染みのない方は不思議に思うかもしれません。

誤解がないように補足すると、当たり前ですがチャートの値動きが平行チャネルの連続で作られるわけではなく、そう見えるようにバランスを取ってラインを引いているにすぎません。

つまり、チャート全体の高値・安値を値幅と角度を固定した複数のラインで網羅して見えるようバランスを取ってラインを引いているということです。

なぜこれを行うのかというのは、私の持論になりますが、平行チャネルを優秀と考えるポイントと同じで、「ラインにある程度の再現性を持たせることができる」ということです。

また、「平行チャネルを早く見つけるポイント」の箇所で述べた「チャネルの真ん中のラインで反応があれば、上限や下限の反発点が少なくても平行チャネルをイメージできる」という考えから、「等間隔の値幅」というのは値動きの根拠となり得ると考えたからです。

●「半値」の視点を取り入れる

チャート分析においては、「半値戻し」という概念が一般的に用いられており、これはフィボナッチリトレースメントやE値を用いた分析にも関連しています。具体的には、フィボナッチのテクニカルツールにフィボナッチ比率と関係ない50%が含まれていたり、E値は2倍幅のテクニカルとして知られています。このように、半値幅・2倍幅というのは既存のテクニカル分析の根拠となっています。

値幅と角度のラインで平行チャネルが等間隔で連続していることは、「傾いたE値」の連続や「傾いた半値戻しの位置」を可視化しているという見方をすれば、このラインに疑問を持つ方も少しは腑に落ちるのではないでしょうか。

一般的に、テクニカル分析では水平で見ることが重視されますが、個人的には第1章で述べたように縦軸と横軸が存在するグラフには基本的に傾きが存在し、**その「チャートの傾き」にテクニカルの根拠となる「半値」という視点を取り入れたものが平行チャネルや値幅と角度のラインだと解釈しています。**

Check!

- 値幅と角度のラインはトレードにおける重要なポイントを捉えるためのライン引きで、チャートの傾きに対する半値の根拠を可視化している

10 値幅と角度のラインの引き方

「値幅と角度のライン」の引き方について、手順を追って具体的に説明します。チャート全体の高安値を網羅するためには、注意深いライン引きとバランスが必要です。

値幅と角度のラインを引く範囲

では本題の「値幅と角度のライン」の引き方についてです。最初に断っておくと、本書を読んですぐに「値幅と角度のライン」を引くことは難しいかもしれません。ただ、これまでのラインに関する理解と、これから説明する引き方を読めば、大きくずれたラインにはなりにくいでしょう。これらをもとに練習を重ね、時間をかけてスキルを身につけていってください。

引き方に悩んだときは、私のチャートに引かれたラインをYouTubeの相場予想で確認できますし、その他のSNSでも載せているのでぜひチェックしてみてください（「たけだのぶお」で検索していただけたら見つかります）。

まずこのラインは「チャートの広範囲」に引くものです。これまで紹介してきた水平線やトレンドライン、平行チャネルは根拠としては弱くなるものの、短期間のチャートの一部に対してラインを引くことも可能でした（トレンドにおける水平線、雑なトレンドライン、平行チャネルを早く見つけるポイント)。これらのラインは、必要な高値や安値がチャート上に独立して存在するため、その一部を切り取って短期間でラインを引くことができるからです。

しかし、この値幅と角度のライン引きは、一部に影響する値幅と角度が全体に影響を及ぼしているようにバランスを取ってラインを引くため、ある程度のローソク足の本数が必要になります。そのため、本数を多くチャート上に表示するために、ローソク足は小さめに表示するようにしてください(図2-41)。

言葉での説明だけでは理解が難しいかもしれないので、値幅と角度のラインを見つけやすく引きやすいパターンから手順ごとに具体的に説明していきます。

図2-41 ▶「チャートの広範囲」に引くためにローソク足を縮めて表示する

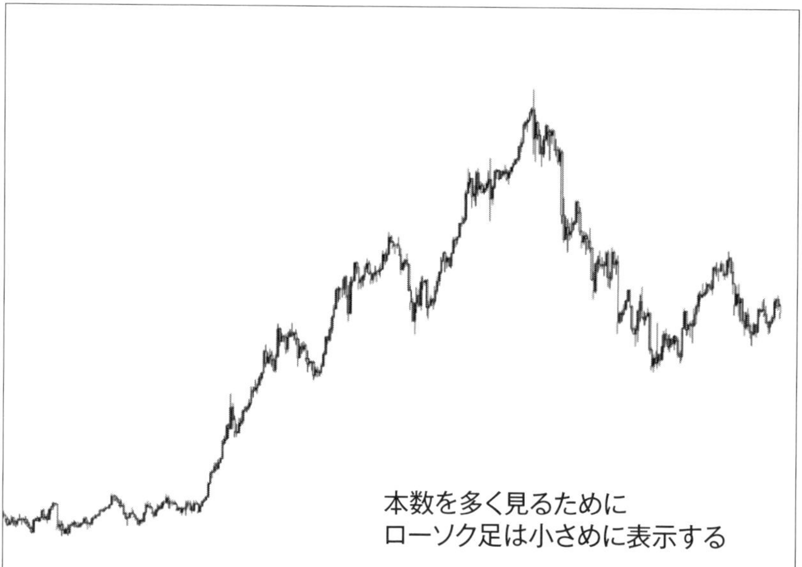

「値幅と角度のライン」引き方の手順

手順１：チャートの基準となる角度（ライン）を見つける。
手順２：基準角度のラインを平行移動する。
手順３：基準角度のラインと平行移動したラインを使って、全体の値幅を決める。
手順４：必要であれば同一角度の補助線を設ける。

● 手順１：チャートの基準となる角度（ライン）を見つける

基準となる角度を見つけるポイントは、基本的には水平線と同じです。「リテストが行われ、反発が繰り返されている斜めのライン」、あるいは、トレンドラインと同じく「ラインをほとんどまたがず3点（2点）以上反発のあるライン」をトレンドの向きに合わせて見つけていきます。

このとき候補が複数出てくることがほとんどですが、**「見ているチャートに対して長期間影響しているライン（＝ゆるやかな角度のライン）」と、「高安値に影響を及ぼす回数が多いライン」を優先して引くようにします。**

図2-42、43を見てください。今回の例は、基準角度を見つけるポイントの2つのラインが同じ角度であることに加えて、他の角度を見つけることが困難なため（無理矢理探しても見つからなかったので）、簡単にラインを引くことができる例です。

おそらく、ラインをほとんどまたがない3点という条件だけでは細かい部分の明確なトレンドラインを複数引いてしまう可能性もありますが、「見ているチャートに対して長期間影響しているライン（＝ゆるやかな角度のライン）」という条件を考えると、この状況の値幅と角度のラインの基準としては不適切です。逆に、ゆるやかすぎるラインも水平線との差別化ができなくなるので、他に候補がある場合には除外します（図2-44、2-45）。

※期間が短い明らかなトレンドラインは、可視範囲を狭めたり、時間足を落としたチャートの基準の角度にはなり得えます。

図2-42 ▶ リテストが行われ、反発が繰り返されている斜めのライン

図2-43 ▶ ラインをあまりまたがず3点（2点）以上反発のあるライン

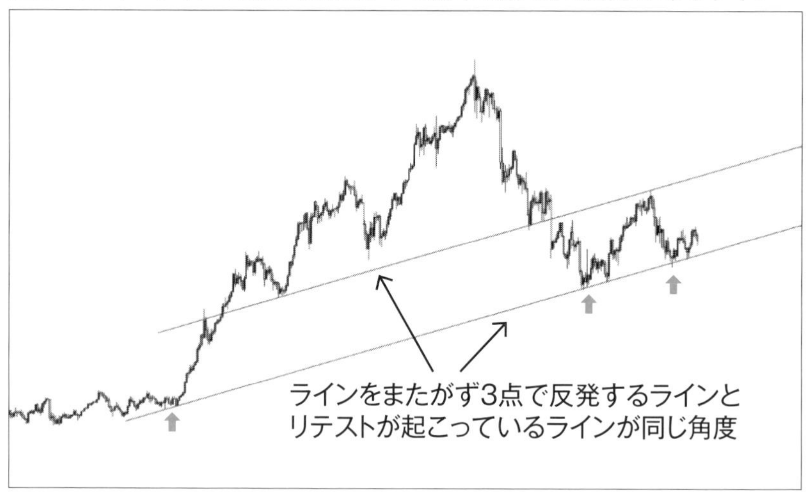

図2-44 ▶ 見ているチャートに対して影響する期間が短いライン

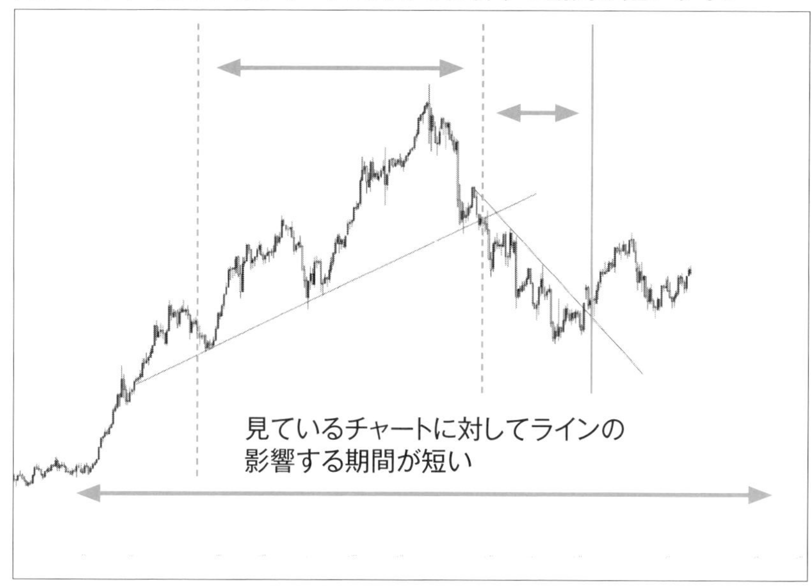

図2-45 ▶ ゆるやかすぎるラインは除外する

● 手順２：基準角度のラインを平行移動して２本目を見つける

基準線の候補を決めたら、その基準線と同一角度のラインをスライドして意識されている部分をもう1本探します（図2-46）。TradingViewを使用しているのであれば、ラインの複製機能で同一角度のラインが出てくるので便利です。

この時点で他の部分のどこにも意識されているように見えるラインがなければ他の候補を探し直しますが、今回の例ではリテストのラインとサポートのトレンドラインが同一角度なので、平行移動して2本目がすでに見つかっている状況になっています。

スライドして見つけるポイントも反発回数が多いほうがもちろんいいですが、基準線ほど厳しく見る必要はなく、リテストが起こっている部分などを通っていれば2本目の候補としてOKです。

図2-46 ▶ 基準線と同一角度のラインをスライドする

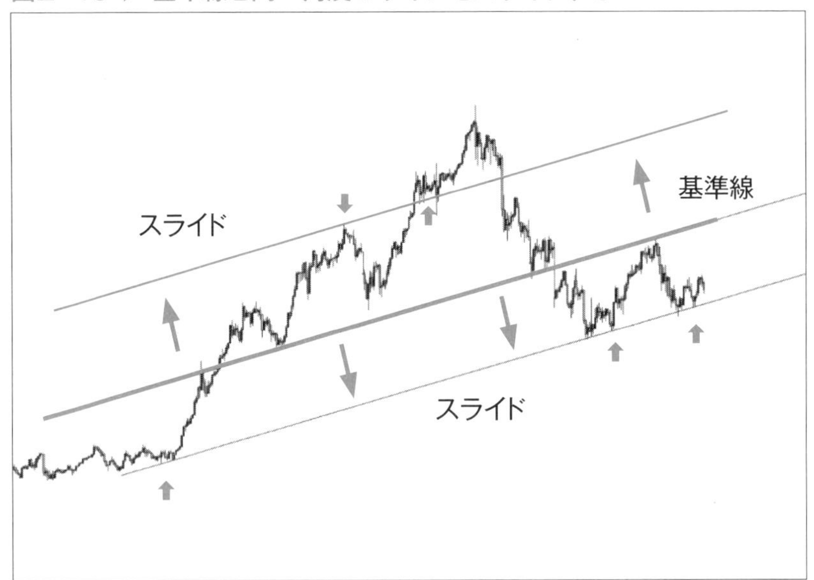

● 手順３：基準角度のラインと平行移動したラインを使って全体の値幅を決める

基準の角度候補のラインとスライドしたラインの2本が決まったら、次の手順でチャート全体の高安値を網羅する値幅と角度のラインになるように調整していきます。

①２本で並行チャネルを作り、そのセンターが反応しているか確認する（基準チャネル）
②基準チャネルが値幅の小さいチャネルであれば、チャネルを複製・重ねて、チャネル外の値動きに対して反応があるかを確認する（複製チャネル）
③基準チャネルが値幅の大きいチャネルであれば、上限とセンター、センターと下限の間にさらにセンターラインを設けて反応があるかを確認する（分割チャネル）
④チャート全体の高安値を概ね網羅できるようにバランスを取り、帯化する

手順を追ってチャネルを複製しバランスを取っても、基準チャネルのセンターや基準チャネル外の高安値に反応がない場合は、手順1の別の基準角度に変えてやり直します。

④のバランスを取るというのは、平行チャネルでも紹介しましたが、値動きに対するチャネルが歪にならない範囲で値幅をほんの少し広げたり縮めたり、優先的に通す場所や角度を繊細にズラすことです。基準チャネルの通したいポイントを大きく逸脱することなく、チャート全体に対して値幅と角度のラインが高安値を網羅しているように見えるように工夫します。

恐らくこのステップがこのライン引きのハードルです。「バランスがうまく取れない」「基準の角度を変えてもなかなかしっくりこない」

と思ってしまいがちなのですが、**それなりの形になるまで微調整や検証して時間をかけてこじつけることを大事にしてください。**基本的には基準線が複数ある場合でも、よほど何か理解を間違えない限り、時間をかけて向き合えばある程度の形になることがほとんどです。

先のステップの説明が先行してしまいましたが、手順にしたがって続きを説明していきます。

● 手順3-①：2本で平行チャネルを作り、そのセンターが反応しているか確認する

手順2までの2本を平行チャネル化したときのセンターが意識されているかを確認しますが、ここですでにセンターの反応が曖昧な場合は、値幅や角度を微調整し、センターで反応があるようにバランスを取って次の手順に進めます。

図2-47 ▶ 2本で平行チャネルを作り、そのセンターが反応しているか確認する

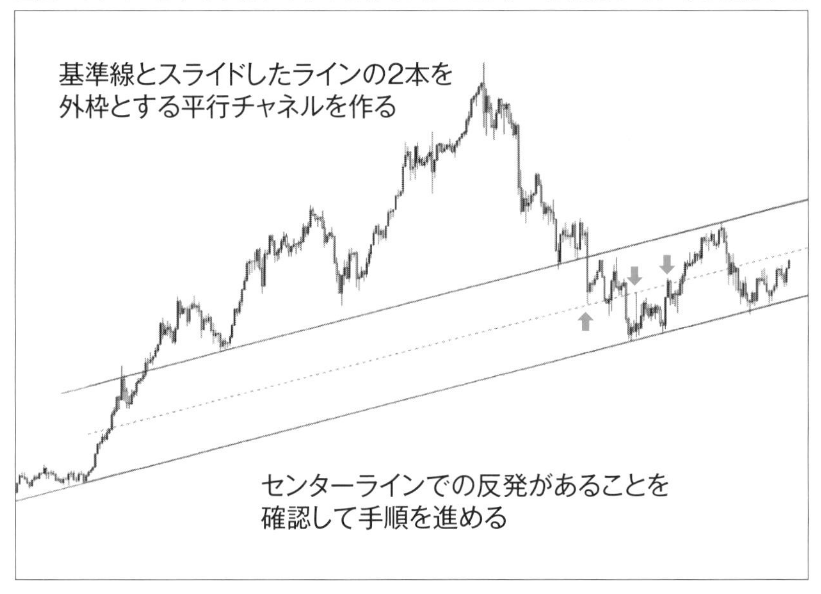

今回の例では特に問題なくリテストが確認できているため手順3-②へ進みます。

● 手順 3-②：基準チャネルが値幅の小さいチャネルであれば、チャネルを複製・重ねて、チャネル外の値動きに対して反応があるかを確認する（複製チャネル）

基準チャネルは反応が微妙な場合はセンターとのバランスを取るとしましたが、この段階はあくまで基準を複製しているだけであり、このあとの手順もあるので高安値をきれいに捉えている必要はなく、ある程度意識されていればOKです（チャネルにも複製機能が使えます）。

この例の複製チャネルもそこまでいいポイントを捉えられているとはいえませんが、無反応というわけではないため、次の手順を確認していきます。

図2-48 ▶ ある程度の意識された反応があれば十分

● 手順3-③：基準チャネルが値幅の大きいものであれば、上限とセンター、センターと下限の間にさらにセンターラインを設けて反応があるかを確認する（分割チャネル）

複製チャネルだけではチャートの高安値を網羅できていない場合、それぞれのチャネルをもう半値にします（最初の基準が外枠の大きいチャネルの場合は手順3-②はなく、この分割チャネルをさらに分割チャネルに……と繰り返します）。

図2-49のチャートでも、分割チャネルを用いてチャート上の目立つ高安値も概ね捉えられてきているように見えると思います。当然ラインを増やすとあまり反応がないラインが出てきてしまいますが、実際にトレードする際にそれぞれのラインに対して再度吟味するので、この段階では「網羅する」ことに重点を置きます。

これだけラインを引けば高安値を網羅して当たり前と思うかもしれませんが、このチャートでもラインとラインの間は2円（200pips）以上あります。ラインを引きすぎるのはチャートが汚くてよくない、という一般論はよく聞きますし、私もその通りだと思います

ですが、それは狭い値幅にたくさんラインを引きすぎることがトレードの際に不便になるからよくないのであり、このように日足のチャートを広範囲で見てたくさんラインを引いたとしても、ラインとラインの間が100pipsほどあればトレードに影響は出てこないはずです。

ただ、高安値を網羅できないためにこの分割を繰り返しすぎて、ライン間の値幅が50pipsを切ってきたりすると、この時間足のラインとしては明らかに引きすぎです。トレードのリスクリワードも保てなくなってきてしまうので、そこまで分割しないと網羅できないのであれば、基準を選び直したほうがいいでしょう。

※この50Pipsというのはドル円の例なので実際はその限りではなく、それぞれの通貨のボラティリティに合わせて考える必要があります。

図2-49 ▶ それぞれのチャネルにさらにチャネルを複製する

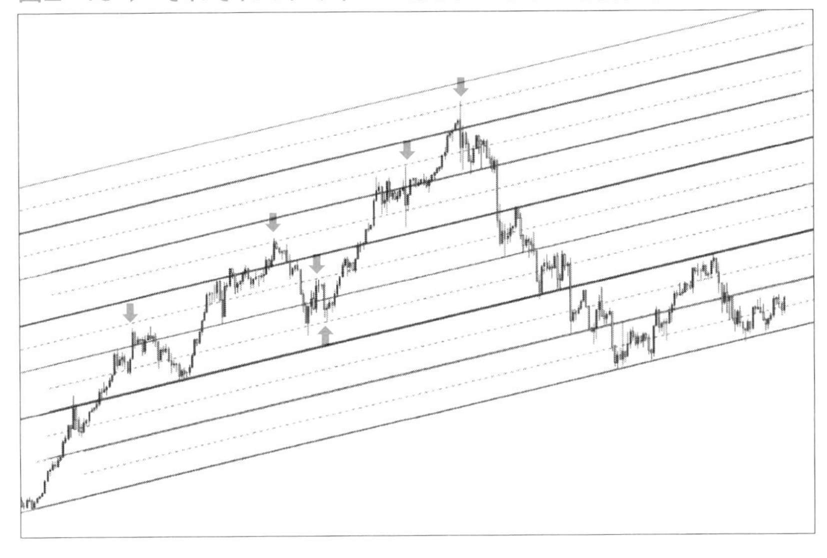

● 手順 3- ④：チャート全体の高安値を概ね網羅できるようにバランスを取り、帯化する

バランスを取るというのは、平行チャネルの引き方やこのライン引きの冒頭で触れた通りです。

例えば、ここまでの手順を経たラインがしっくりこない場合や、通したい高安値の規則性が見つかったもののギリギリラインが通っていないような場合に対して、基準チャネルの上下端をヒゲ先ギリギリで合わせていたところをヒゲの根元で合わせるようにするなど、通したいポイントが逸脱しない範囲でほんの少しだけ角度を変えたり値幅を狭めてみてください。すると、ギリギリ通っていなかった高安値にラインがぶつかる場合があります。

当然、全体のバランスが少しずれて、逆に通っていた部分にラインが通らなくなることにもなるのですが、流れ作業でラインを完成させてしまわず、この基準のラインを通すポイントの許容幅を使って最後に吟味することで、より納得できるラインがないかを探すことが大切です。

図2-50 ▶ 通したいポイントを埋めるための角度の微調整

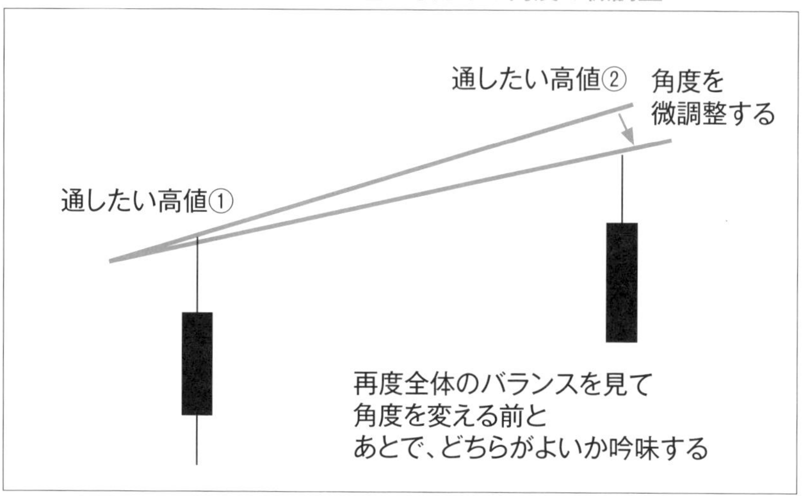

図2-51 ▶ 通したいポイントを埋めるための値幅の微調整

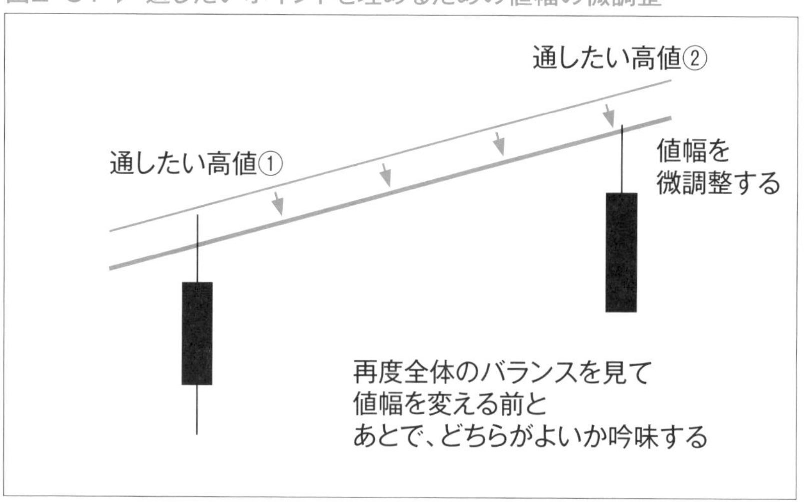

● 帯にすることも有効

また、これまでのライン引き同様、ラインのすぐ近くに網羅できる高安値のリテストや規則性がある場合は、帯にすることも有効です（図2-52）。

ただ、帯だらけになってしまうと、細かい値幅にたくさんラインがある状態になってしまうので、帯が何本もできてしまうようであれば、バランスを取ったり基準の角度を変えたりして引き直すほうがいい形になることが多いです。

図2-53はその後の値動きのチャートと水平線もプラスしたものです。見ての通り、未来における高安値も概ねカバーしており、チャート上の大きめの時間足の重要ポイントはこの「値幅と角度のライン」と水平線で見抜くことが可能です（図2-54）。

図2-52 ▶ 網羅するために帯化する

図2-53 ▶ ラインを引いたあとの動き

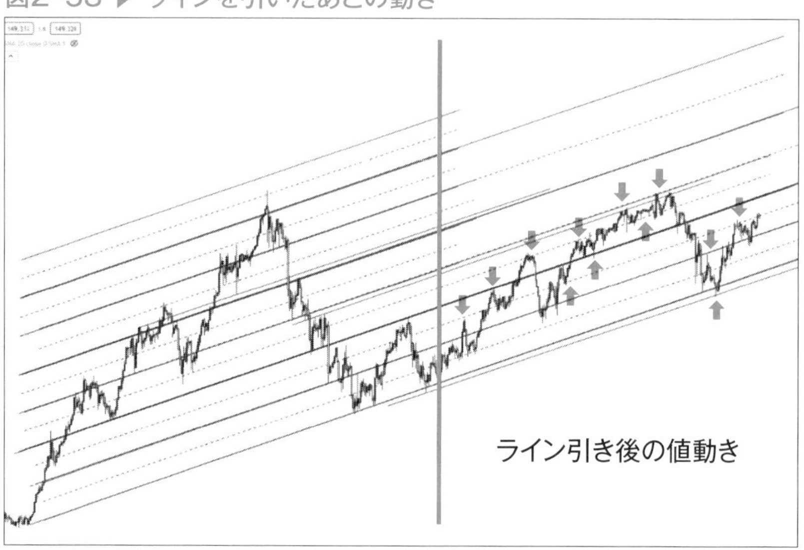

図2-54 ▶ ラインを引いたあとの動き+水平線

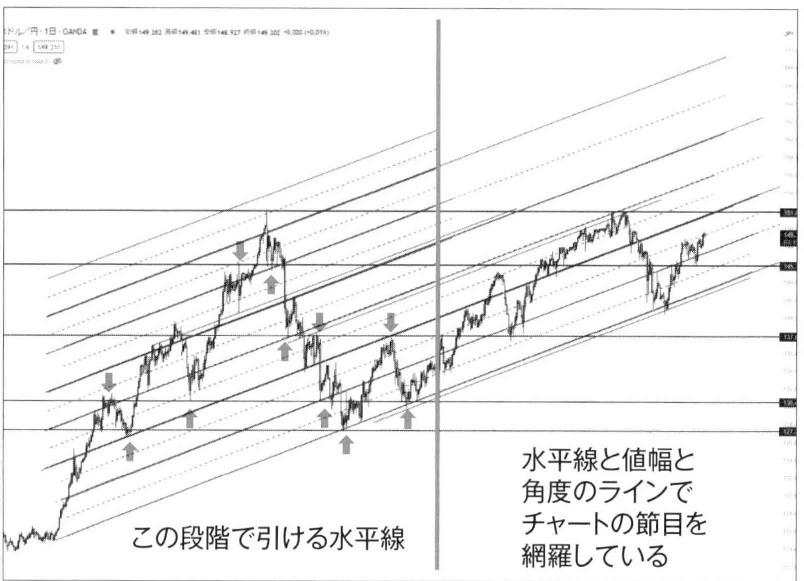

● 慣れるまでとにかくたくさん引いてみる

ここまでの説明で「値幅と角度のライン」のイメージはつかめたかと思いますが、今回紹介したライン引きは最初に角度が見つけやすく、ラインを引きやすいチャートでした。実際には、今回のように角度の候補が単一のケースは少なく、角度の候補が複数出てきてどれを採用するか悩むはずです。

例えば図2-55を見てください。角度がゆるすぎるものや、反応している期間がやや短いものも合わせれば、ラインの候補は5本程度見つかるかと思います。この章の最初で除外基準としたものを除いても3本は残ります。下限のラインは2点を結んだだけなので優先度は低くなりますが、それでも除外することはできません。ですから、慣れるまでは練習だと思い、すべての基準線から値幅と角度のラインを引いてみて、その中から分割チャネルと帯をなるべく用いず、高安値を

図2-55 ▶ さまざまな角度のラインが引けてしまう

網羅できているチャートを採用します。

この慣れるまでの段階が一番大変だと思いますが、この作業を繰り返して値動きを観察し続けると、完成したラインに自信があるのかないのかを感じられるようになったり、基準の角度もチャートを見てすぐに見つけられるようになったりするはずです。

● 反応回数が多い基準線ほどきれいなチャートにたどり着く

このライン引きは、私個人のルールと基準を設けているだけで、絶対的な正解はありません。そのためラインの良し悪しは引いたラインを複数比較して判断するか、自分の手応えで判断するしかありません。チャートにラインを引き始めた最初の頃は、自分のラインの手応えなどわからなくて当然です。ですから、横着して候補の1つを完成させて満足せずに、とにかく比較して地道に時間をかけて経験を積んでください。

ある程度自分が引いたラインの良し悪しがわかるようになってから、最初に試した基準線で自信のある値幅と角度のラインが引けたのであれば、必要以上に検証せずそのラインを採用するということも1つのやり方です。

私の感覚ですが、**反応回数が多い基準線ほどきれいなチャートにたどり着きやすくなります。**ラインの比較ではなく自分の手応えで判断するのであれば、反応回数の多いものから完成させると余計なラインを引いて時間を取られることがなく、時短になることが多いです。

誤解がないよう補足すると、必ずそうなるわけではないので、反応回数の多い基準線を値幅と角度のラインにしてみた結果、腑に落ちない、がんばってバランスを取ってもうまく全体を網羅できない場合は、別の候補で検証し直す必要があります。

図2-56 ▶ 反応回数の多いものから完成させる

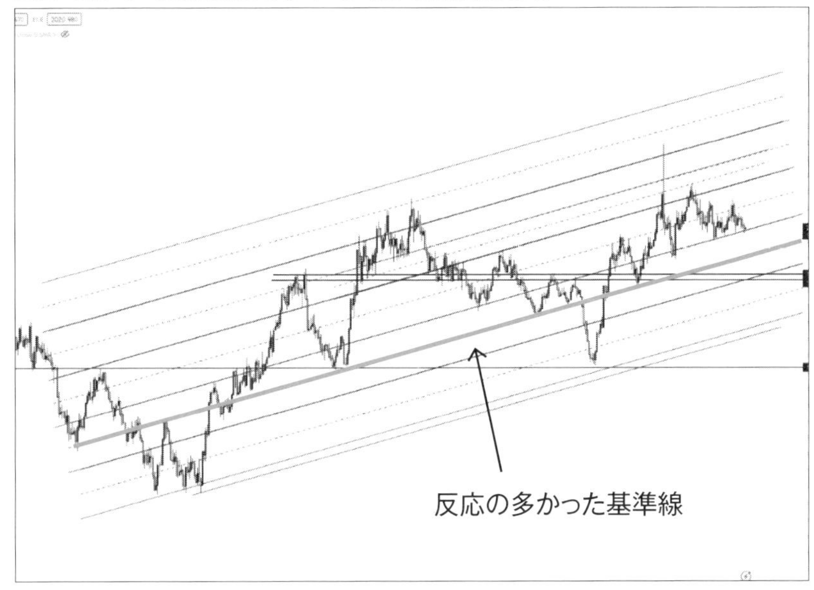

それぞれのラインの使い方

4つのラインの引き方がわかったところで、それぞれのラインの役割を説明していきます。

まず、核となる**「値幅と角度のライン」**は4時間から日足、短くても1時間足から主軸に引きます。「値幅と角度のラインの引き方」で載せたチャートには、これと同じ範囲に「水平線」も引いていましたが（図2-54）、この2つを**「チャートの重要ポイントを事前に分析する環境認識」**として大きい時間足の広範囲のチャートの高安値を網羅するように引いていきます。

なぜ大きめの時間足に引くのか、2つ説明します。

● 意識されている回数が多いほど否定されにくい

1つ目は、ラインは過去から現在に至るまでの期間が長く、意識されている回数が多いほど否定されにくくなるためです。

必然的に長い時間足で引くラインのほうが、起点から現在までの期間が長くなり、短期足でラインを引くよりもライン自体のチャートへの影響力が高くなる（チャートの重要ポイントになる）のは明らかです。

「それなら週足・月足のほうがいいのでは？」と思うかもしれませんが、週足・月足レベルになると平行チャネルや値幅と角度のラインに出てきた「バランスを取る」という微調整で、重要ポイントが簡単に100pips、200pipsとズレてしまいます。このレベルのズレになるとレバレッジをかけるFXの取引としては致命的となってしまいます。現実的にトレードに活かせるラインという意味では、日足までが限界だというのが私個人の判断です（極端なスイングトレードだけを1年に数回だけやるとなると話は別ですが……）。

● 頻繁にラインを引き直す必要がない

2つ目の理由は、ある程度長い時間足でライン引きをした場合、頻繁にラインを引き直す必要がないためです。

私は4時間・日足をメインにしてラインを引きますが、環境認識のラインは1か月に1回微調整する程度で、長いときは3か月くらいライン引きをしたレイアウトをそのまま使うこともあります。大きく相場が動いたときには引き直すことはありますが、それでも毎日、毎週ラインを引き直したりはしません。

これを5分や1分で引いてしまうと、そのラインが使えるのは当日限りになってしまい、トレードするために毎日ラインを引く、といった状況になってしまいます。

チャートの重要ポイントという意味でのラインが日々変わることは

ないはずなので、環境認識のラインは丁寧に分析し、そのポイント付近で下位足の補助線を日々細かく調整する、というイメージです。

この重要ポイント付近の下位足の補助線となるのが、時間足を落としたエリアに引かれる平行チャネルや水平線、トレンドラインです。これらを使って根拠を補強し、エントリーのタイミングや短期的な損切りや利確のポイントとして立ち回っていきます。このトレードのポイントについてを次の第3章で解説します。

トレードの練習はデイトレードで行うべき

スイングトレードという言葉が出て来たので少し脱線しますが、トレードというのは最初に述べた通り「チャートを分析し、期待値をもとに基準を設けてエントリーとエグジットを繰り返す作業」です。

スイングトレードは数日から数週間、長ければ数か月ポジションを持つ取引になるので、練習としてのトレードの回数が絶対的に不足します。

トレードはスポーツやゲームと同じで、日々触れていく中で上達していきます。毎日サッカーの試合（チャート）を見ていたとして、実際の練習（トレード）が月に1回だとしたら、あなたはうまくなりますか？　当然、プロになれば練習の質、濃い短時間の練習に視点を移していくはずですが、そうではない人は、とりあえず正しい方法で量をこなすのが間違いないわけです。

こう考えれば、いきなりスイングでトレードをするよりも、毎日デイトレードでチャートの見方の基礎を学びながらエントリー・エグジットを何度も繰り返すほうが成長につながりやすいはずです。そこができたうえで、「数週間ポジションを持つ」「エントリーを超厳選する」というハードルを設けたスイングに移行するのが自然な流れです。

巷には初心者にスイングトレードをおすすめするインフルエンサーが多い印象があります。たしかに、ある程度力がついていれば安定して利益を上げやすいのはスイングですが、練習段階のトレーダーにスイングの練習をさせてしまったら、成熟するまでに何年かかるかわからないなというのが私の感想です。

Check!

- 値幅と角度のラインは基準線選びが重要
- 基準線をもとに細かな値幅や角度を調整していくことで、トレードにおける重要なポイントを見逃さずに把握できる

CHAPTER 3

勝てる
トレードポイントの
見極め方

11 ラインの強度を理解する

ラインを引くことは、トレードにおいて重要な意味を持ちます。加えてラインの強度を理解することで、トレードの優位性を高めることが可能です。ここでは、ラインの強度とは何か解説していきます。

ラインには強弱がある

ラインを引くことは、単なるチャート上の規則性の表示に留まり、それを活用してトレードすることで初めて意味を持ちます。ライン単体では「レジサポの反発の優位性」が可視化されますが、現在の方向感や中長期的な値動きを知るためには、波やレートの推移を考慮した他のテクニカル分析が必要です。ただし、「レジサポの優位性」を理解することで、短期的なトレードが可能になり、安易なトレードを避けることができます。この章では、引いたラインを活用してトレードするためのポイントを解説していきます。

まず最初に理解してほしいことは、「値幅と角度のライン」で高安値を網羅するようにラインを引きましたが、それぞれのラインには強度の差があるということです。

第1章の「ラインで分析する強み」では水平線で示しましたが、当然、**反発やリテストが多いラインは根拠として強く、積極的にトレードを狙うポイントです。逆に形式上、高値や安値を通っていても、そ**

の他の部分でまったく反応がなければ、そのライン単体で根拠とするのはやや強引になります。

図3-1 ▶ 図1-6再掲

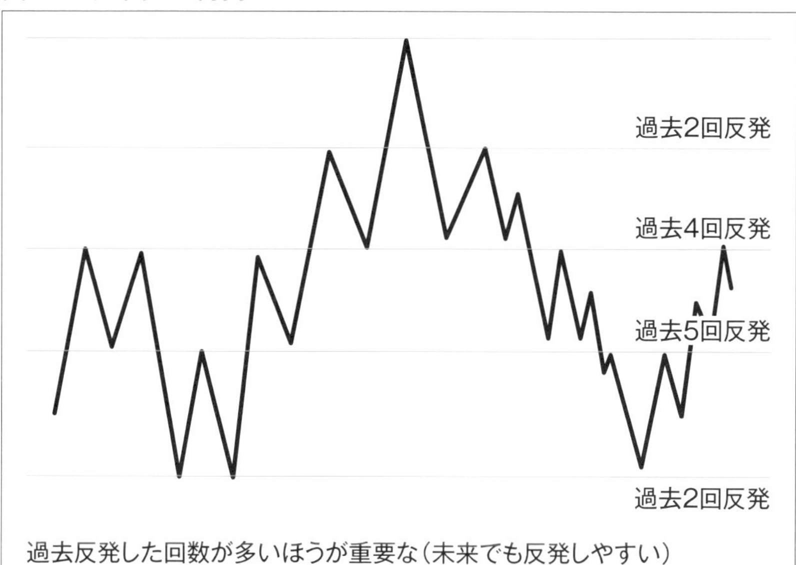

● 具体的な確認方法

「値幅と角度のライン」で引いたラインのチャートを使って考えていきます。図3-2を見てください。このようなラインがチャート上に存在し、現在のレートは下から2本目と3本目の間にあります。

このときに行うことは、まず現在のレートを挟む2本のラインの強度を起点から現在までの間に反発やリテストが何回行われているかを見て判断していきます。今回の場合はチャートの左側には数か所しか反応ポイントがないので、四角のエリアに注目して4時間足で判断していきます。

図3-2 ▶ 日足の四角のエリアに注目して4時間足で判断する

図3-3の下から3本目の実線を見てください。何度かブレイクこそされているものの、ブレイク前に反発があり、明確な高安値で複数回反発やリテストが確認されています。そのため、現在のレートから上昇して3本目のラインにぶつかれば、レジスタンスとして機能して反発が起こるかもしれないと予測することができます。

逆に、下から2本目の点線は2回ほど明確な安値を捉えていますが、直近の高安値で何度もまたがれていることから、単一でサポートとして考えるにはやや不安が残ります。

この強度の確認で、現在のレートから下落してきた場合、「下から2本目の点線はサポートにならないかもしれない」という仮定が生まれます。それならどこで下げ止まるだろうかということを考えたときに、さらに1本下のラインの強度を確認し、「値幅と角度のラインの

図3-3 ▶ 強度の確認をする

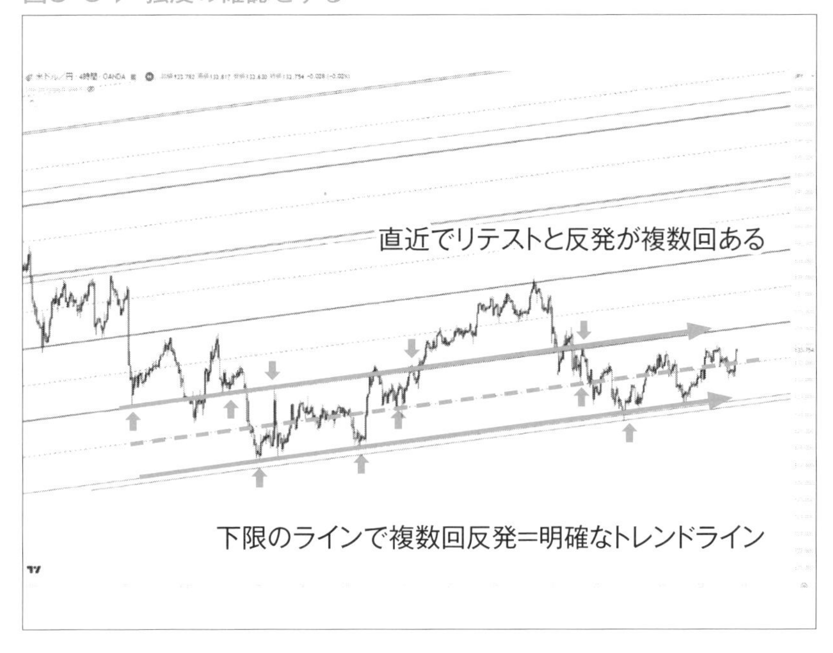

下限、かつ明確なトレンドライン」だと認識しておくことで、ロングを持つのであればこの下限まで引きつけたほうが優位性は高そうだと理解することができます。

1本1本に対して過去の値動きを確認

この強度の確認は現在のレートから遠いラインを見ても、そこに到達するまで時間がかかることがほとんどなので、基本的には現在のレートの近くのライン上下数本を確認する程度で十分です。

ただ、意識的に強度を確認しなくても、下から5本目の実線は「値幅と角度のライン」の基準線で、このチャート全体の節目になっていることは明らかです。このような重要なラインにいつ到達するかはわからなくても、将来的にこのラインにレートが接触したら反発するだろうと予測しておくことは容易なはずです。

このように、値幅と角度のライン1本1本に対して過去の値動きを確認し、強度の強いラインを確認しておくことで事前にトレードプランを立てることが可能です。

こう書くと、「最初から強度の強いラインだけ引けばいいんじゃないか」と思われそうですが、4時間、日足レベルでは強度が強くないとされたラインでも、下位足に落とした場合や、移動平均線や短期的なラインとのクロスといった根拠の重複によって十分に反発位置になりえます。

図3-4 ▶ 値幅と角度のライン1本1本に対して過去の値動きを確認

● 時間足を落とすと細かい高安値が可視化される

では、少し値動きを進めて1時間足に視点を移します。先ほどのライン強度の確認で、下から3本目の実線はレジスタンスになり得ると想定した通りに値動きが進みましたが、その後サポートとして不安が残ると書いた点線で現在ボトムを作っているような状況になっています。

図3-5 ▶ 1時間足で動きを確認

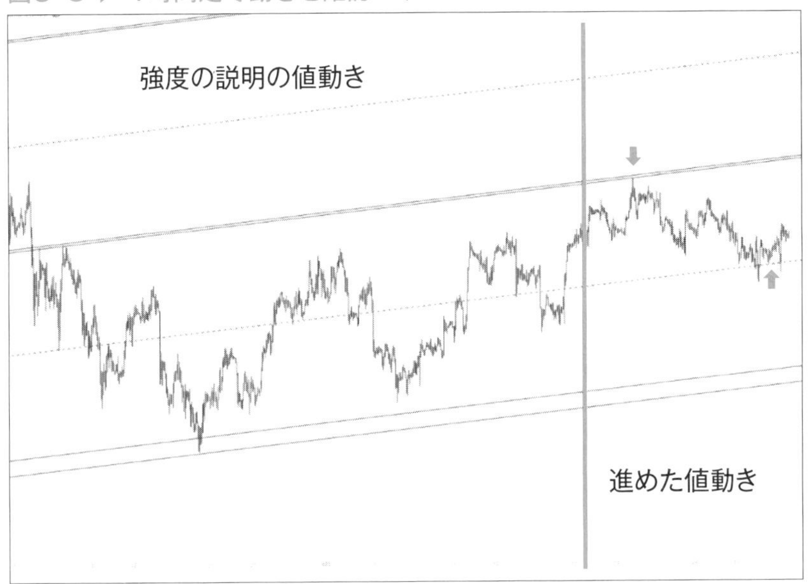

この点線は、4時間の視点では安値が2点通っているだけで直近の高安値を見たときに何度もまたがれていたため強くないと判断されたラインです。しかし1時間足で見るとイメージが変わり、リテストの中心ラインになっていることがわかります（図3-6）。

これは、時間足を落とすことで細かい高安値が出現し可視化されたことで、強度の見え方が変わったということです。

図3-6 ▶ 1時間足で見るとリテストの中心ラインになっている

図3-7 ▶ 4時間足では強くないと判断されていたライン

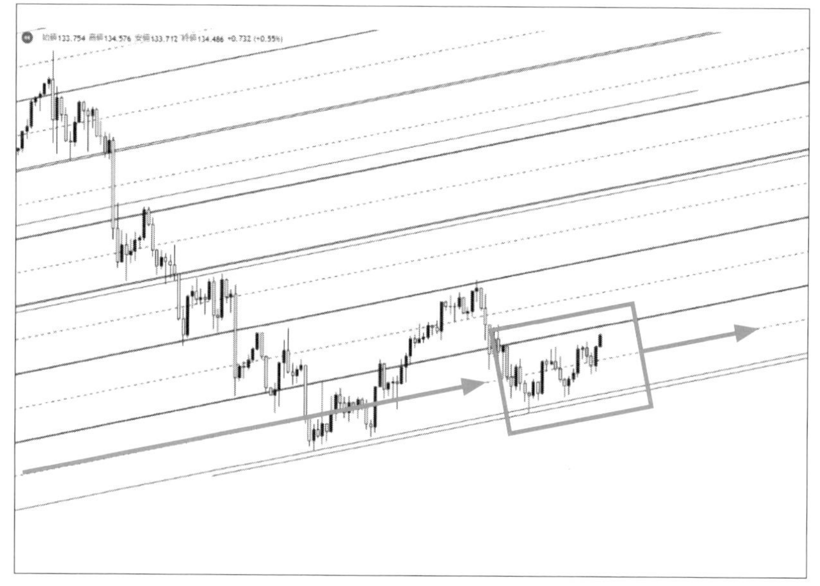

先ほどは4時間足レベルで「ロングを持つなら下限まで引きつけたほうが優位性が高い」という想定をしましたが、1時間足では過去何度もリテストされていたラインに対してボトムを作ったという事実が確認でき、「このサポートから次のレジスタンスまでの値幅を狙ってトレードができるかもしれない」と思考を切り替えることができるはずです。

このように、値幅と角度のラインを引いた時間足で強度を確認した時点では強いとはいえないラインも、下位足でその周囲の値動きの観察をすることで、実際には十分にトレードの材料にもなり得るということです。

この例を考えれば、4時間足、日足で強いラインだけ引いておくよりも、規則性とルールによって引かれるラインも残す価値があるといえます。

図3-8 ▶ 1時間足でのその後の反応

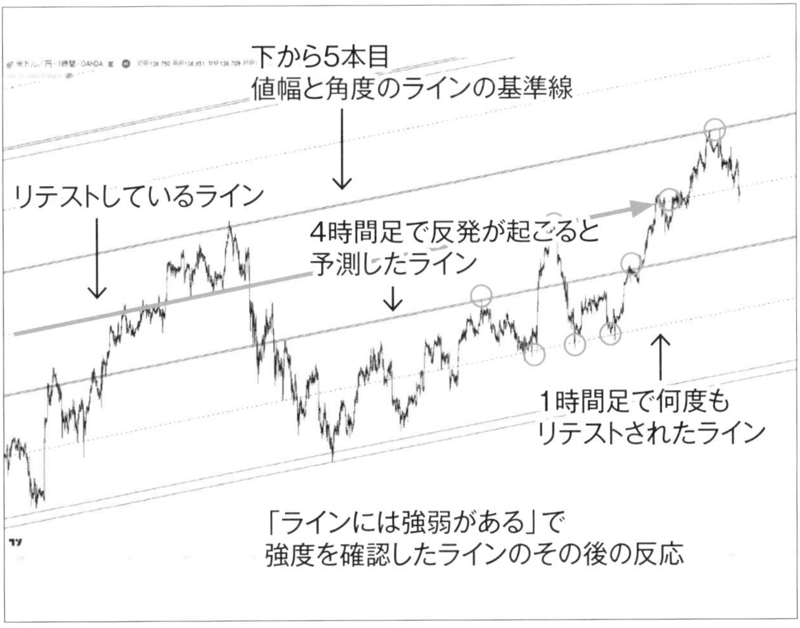

Check!

- ラインの強度を確認し、過去の値動きと組み合わせてトレードの信頼性を向上させる
- ラインの強度は一見強くないように見えても、下位足に落とすと見え方が変わる場合がある

12 見るべきはラインの上限・下限

相場分析において重要なのは、ラインの上限と下限です。これらはトレードのポイントを見極めるうえで重要な役割を果たします。

目標となる相場の上限と下限を把握する重要性

これまでも言葉としては何度も使ってきましたが、レンジにおける水平線、平行チャネル、値幅と角度のラインいずれにも外枠となる「上限」と「下限」が存在します。この上限・下限は基本的に、見込みの利幅＞損切幅となって期待値が高くなるため、積極的に狙うべきポイントです。

上限・下限という言葉が最もイメージしやすいのは平行チャネルです。次のページの図3-9を見るとトレードを狙うべきポイントだというのも納得しやすいかと思いますが、水平線と値幅と角度のラインにおける上限や下限はチャートの見る期間によって変化します。

枠の中に枠があるようなイメージで、小さい枠を見立てる場合にはその限定的な期間でラインを何度もまたがれていないことが必要です。

図3-9 ▶ 平行チャネルの上限と下限は狙うべきポイント

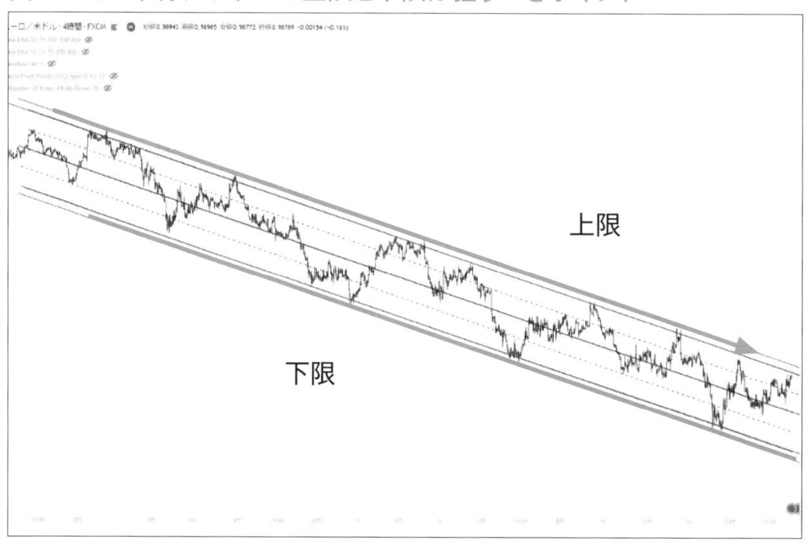

図3-10 ▶ 見ている範囲の限定的な上限と下限①

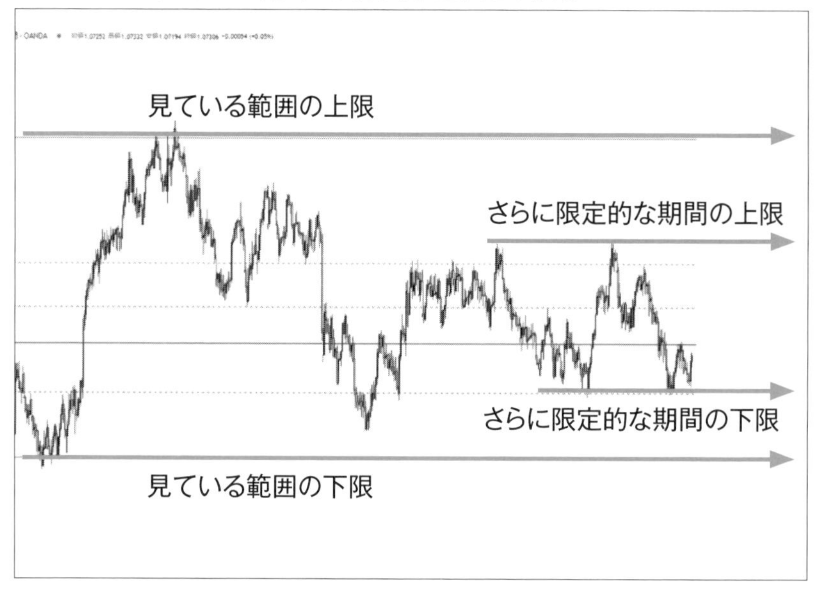

図3-11 ▶ 見ている範囲の限定的な上限と下限②

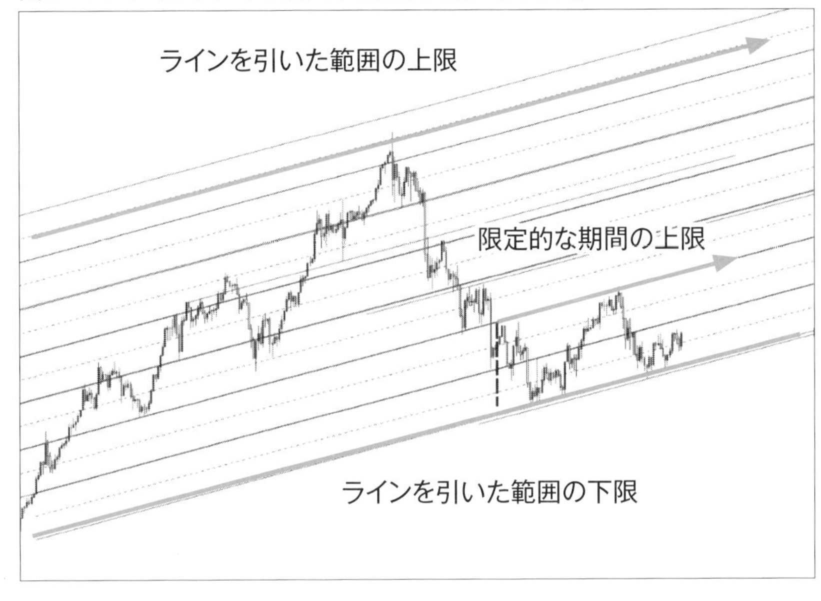

● 大枠の上限・下限をブレイクしたとき

このような小さい上限・下限も当然トレードポイントですが、大きい枠の上限・下限のほうがライン1本が持つ意味合いは大きくなります。それは、小さい上限・下限をブレイクした程度であれば、それを覆う上限・下限の中のラインを基準にトレードを継続できますが、大枠の上限・下限をブレイクしたときには、さらに上位の広範囲のライン、あるいは下位足のラインが必要になり、値幅と角度のラインや平行チャネルの場合は、別の角度でラインを引き直す必要があるということです。

例えば、次ページの図3-12を見てください。先ほど載せたこのチャネルは約7か月間の値動きの上限と下限になっており、この期間はこの平行チャネルを見てトレードするのが効果的でした。ただ、ラインや外枠は必ずいつかはブレイクされるので、明確にブレイクされて値動きが進行してしまえば、そのラインは基本的には裏タッチ（ブレイク後の簡単なリテスト）くらいしか使い道がなくなります（図3-13）。

図3-12 ▶ 7か月間の平行チャネル（4時間足）

図3-13 ▶ ブレイクすると斜めのラインがないエリアに

ブレイク後のライン再構築の重要性と取引戦略の見直し

この4時間足で見る7か月間のきれいな平行チャネルをブレイクした場合、斜めのラインがない状態になってしまうため、日足の広範囲での値幅と角度のラインを引くか、下位足にしたり見る範囲を狭めて新しい角度と値幅を探します。

図3-14 ▶ 広範囲で見るとブレイク後もラインがある(日足)

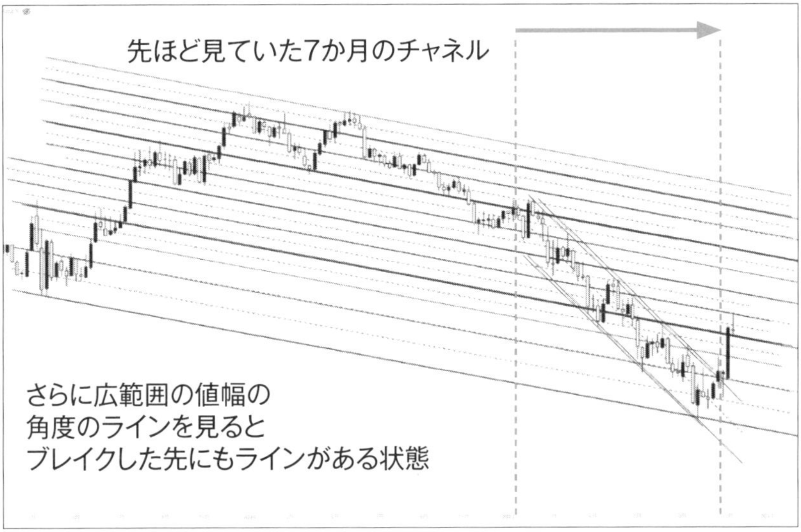

先ほど見ていた7か月のチャネル

さらに広範囲の値幅の
角度のラインを見ると
ブレイクした先にもラインがある状態

今回はきれいな平行チャネルの例だったので、時間足やラインを引く範囲を変えて新しい斜めラインを引きました。これが値幅と角度のラインの上限や下限であった場合は、時間足を変える選択肢の他に、同じ範囲に別の値幅と角度のラインを引き直すということも加わります。

とにかく直近しばらく見ていた上限や下限をブレイクした場合は、

図3-15 ▶ チャネルブレイクの前後の動きを見て別の候補を探していく

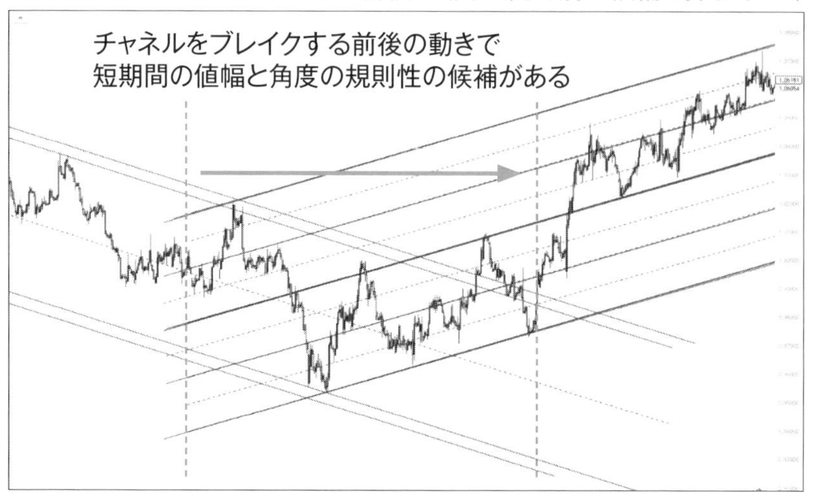

新しい基準となる平行チャネルや値幅と角度のラインを設け、それらが見えてこない場合には、新たに明確な規則性が確認できるまで取引しない、という判断が大切です。

つまり、常に環境認識として水平線と値幅と角度のラインや平行チャネルといった斜めのラインで高安値を網羅している状況で分析してトレードする、ということを心がけてください。

Check!

- ラインの上限と下限は、トレードのポイントを狙ううえで重要な目安となる
- 特に大きな枠の上限や下限をブレイクすると、新たなトレード基準を見つける必要がある

13

ラインのクロスで相場が動き出す

ラインのクロスはトレードにおいて重要なポイントです。複数のラインがクロスするとトレードの根拠として強くなり、相場の動きが活発化します。

これまでのエントリー根拠＋クロスで期待値を増やす

常に環境認識として、水平線と値幅と角度のラインや平行チャネルといった斜めのラインがある状態で分析してトレードするべき、と述べました。チャート上に斜めのラインと水平線を引いていたり、複数の角度の斜めのラインがある場合、そのライン同士がクロスするポイントが必ず生じます。

ラインがクロスするということは、複数の規則性が重複する位置となるため、トレードの根拠として単一のラインよりも強くなり、動きが出ることは想像しやすいでしょう。

ただ、ラインのクロスを根拠にするというのは、実際にそのラインがクロスするタイミング（横軸）でそのレートに到達しなければなりません。つまり、狙っていてもレンジで粘られたり、クロスする前にそのレートを通過してしまうこともよくあるわけです。クロスを期待しつつ、必ずクロスしなければエントリーをしないのかというと、そういうことではありません。

これまで紹介してきた強度の強いライン、上限・下限は、ライン1本だけでも十分エントリー候補のポイントですが、さらに何らかのラインがクロスしていれば、より自信を持ってエントリーすることができるということです。

逆にいえば、第2章で紹介した「雑なトレンドライン」や「トレンドにおける水平線」など、2点あれば引けてしまう単一で根拠として考えにくいラインでも、他のラインとクロスすることでトレードポイントとして考えることができる、ということです。

単一でもトレード根拠といえるライン同士のクロス

このラインのクロスは、環境認識のライン（値幅と角度のラインと水平線）、平行チャネル、明確なトレンドラインで構成されていて、特にクロスする値幅と角度のラインの強度が強い場合最も狙いたいポ

図3-16 ▶ ラインがクロスする重要なポイント①

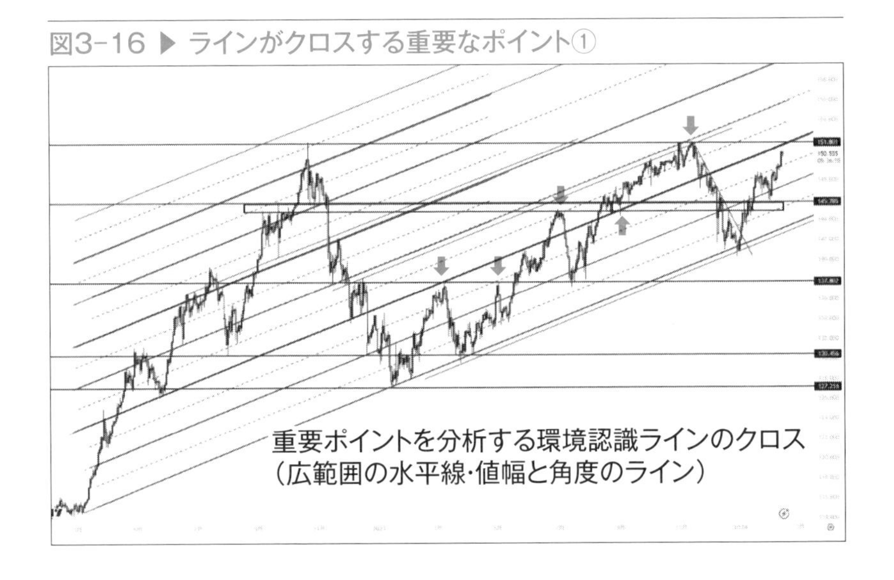

イントです。

逆に、値幅と角度のラインが強いとはいえないラインでも、明らかなトレンドラインや広範囲の水平線と重なることによって十分な優位性を得ることができるのです。

図3-17 ▶ ラインがクロスする重要なポイント②

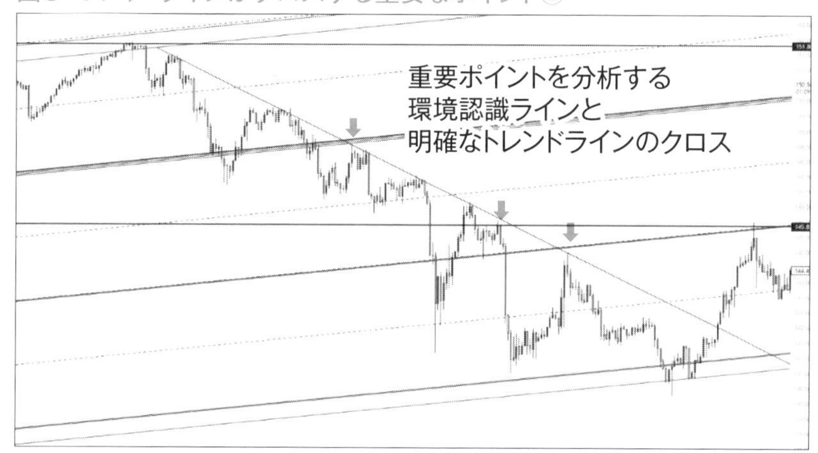

単一根拠としにくいラインが混ざるクロス

トレードの単一根拠としにくいラインとは、「雑なトレンドライン」や「トレンドにおける水平線」のような2点を結べば引けてしまうラインのことを指します。

このどこにでも引けるラインを、単一でもトレード根拠になるラインに対して、さらに根拠に加える意味で捉えるのがこのクロスです。

第2章でも述べましたが、どこにでも引けるラインの単一根拠を良しとするとどこでもトレードポイントになってしまい優位性がなくなるので控えるべきなのであって、トレードポイントがもともと決まっていてそこに重なるのであれば、ないよりもあったほうがいいというのが私の考えです。

図3-18 ▶ 弱い根拠のライン+クロス①

図3-19 ▶ 弱い根拠のライン+クロス②

単一根拠としにくいライン同士のクロス

雑なトレンドラインと短期間の水平線のクロスがこれに当たります。このパターンの使い方はどこにでも使うわけではなく、環境認識のラインからすでに値動きがある程度進んでしまっている状況で背（浅い損切り）を設けるために使います。

基本的に強度の強いラインの近くでポジションを持てることが理想ですが、常にそのような場面でポジションを持てるとは限りません。例えばレートが重要なラインにぶつかって値動きの反転が始まり、他のテクニカルの側面から見ても反転の値動きが継続しそうな場合、再度レートが重要ラインまで戻ってこないとポジションを持てないというのは機会損失になりえます。そこで、機会損失を防ぐために、短期的なラインのクロスをエントリーポイントとして考えるのです。

図3-20 ▶ 下限から上昇しそうな動き

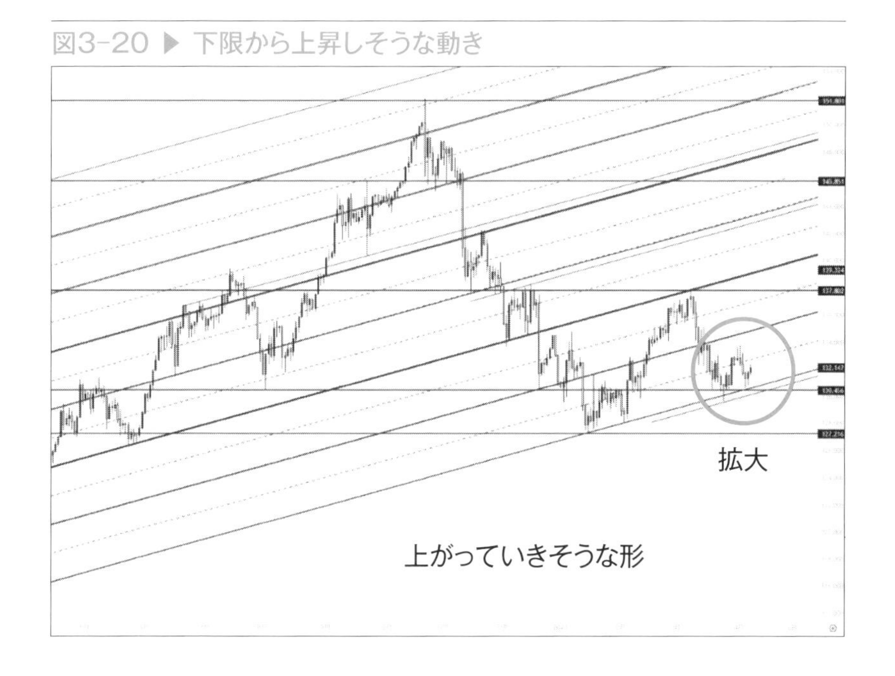

例えば、図3-20のような状況だったとします。第4章で解説する内容にもなりますが、値幅と角度のラインの下限に直近で2度タッチし、値動きが上昇し始めています。

大枠の下限から上昇に切り替わってもおかしくないポイントで、ダブルボトムを形成しそうな値動きを見てロングを狙いたいと考えた場合（図3-21）、このレートからロングを持つと損切り幅が広くなってしまうのが理解できると思います（図3-22）。

こうした場合、直近の値動きから雑なトレンドラインと水平線を引き、そのクロスをエントリーポイントに見立てることで、重要ポイントから離れた位置でも追いかけてエントリーする基準を設けることができる、というのがクロスの考え方です。

次ページの図3-23を見てください。それぞれ単一では根拠になり得ないラインですが、前提の環境や他のテクニカルの根拠と合わせることでトレードポイントが成立します。

もし、この場合に短期ラインのクロスのエントリーポイントが否定された場合、その段階で損切りを行い、再度重要ポイントまで下がってきたときにポジションを持つように立ち回ることで、大きな含み損を抱えることなくトレードすることができるのです（図3-25）。

図3-21 ▶ ダブルボトムになって

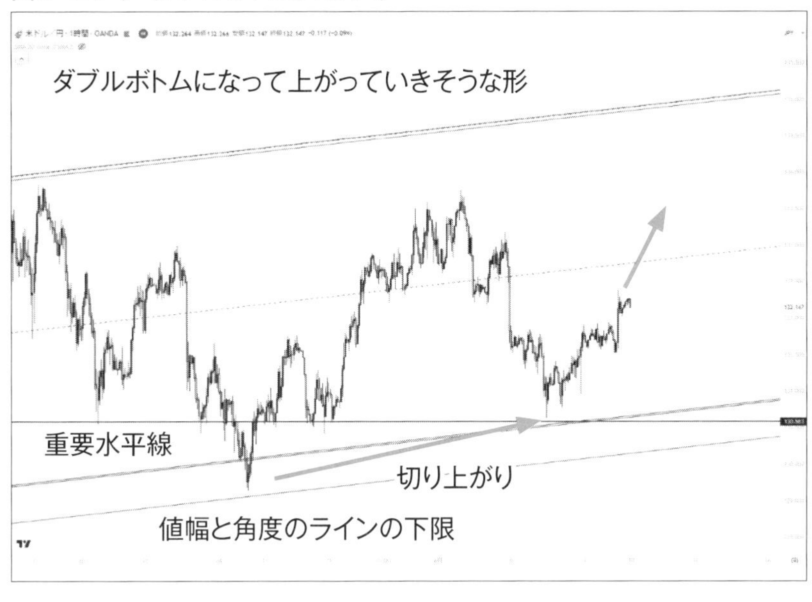

図3-22 ▶ 背が遠くなる問題点

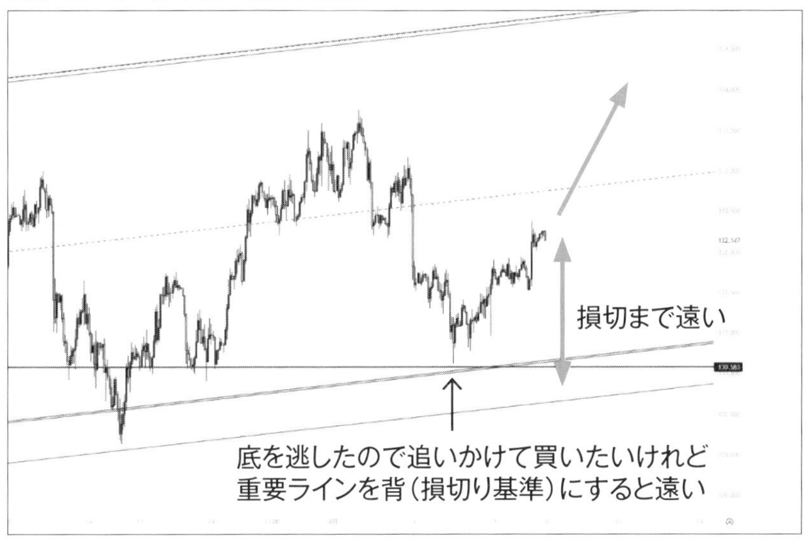

図3-23 ▶ 雑なトレンドライン+水平線でエントリーポイントを作る

図3-24 ▶ 結果として上昇

図3-25 ▶ 損切りラインを近くに設定できる

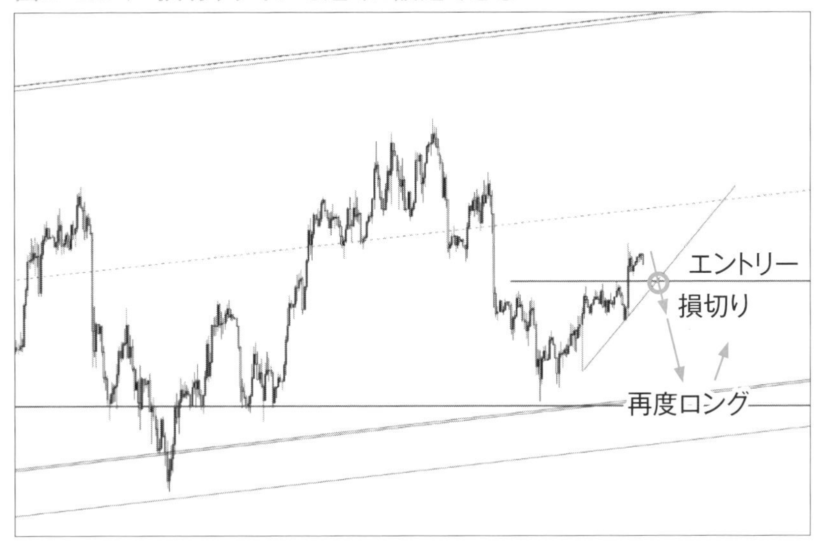

Check!

- 複数のラインがクロスすることでトレードの根拠が強化される
- 強度の高いラインがクロスするポイントを狙うことで、トレードの期待値を増やすことができる
- 雑なトレンドラインでも水平線などとのクロスで活用することができる

14 横軸を意識する

ライントレードでは横軸を意識することが重要です。エントリーポイントに接近した際、「反発」を狙うのか「反転」を期待するのかで、ポジションを持つタイミングは異なります。

「反発」を狙うのか「反転」を狙うのか

ここまで、「ラインの強度」「ラインの上限・下限」「ラインのクロス」という観点から、ラインを引いたチャート上の狙うべきエントリーポイントを説明してきました。ここからは今までのポイントに加えて、「横軸」を意識するとよりよいエントリーを行うことができる、という点について触れていきます。

トレードをするにあたり、強度の強いラインや下限・上限、クロスにレートが接近したときにポジションを持つ「タイミング」を考える必要があります。ポイントに到達したタイミングで「反発」を狙うというイメージでポジションを持てば、直近の流れに対しての「逆張り」「リバウンド狙い」といった、時間を短くpipsも控えめに狙うトレードになります。また、そのポイントから「反転」すると考えるならば、保有時間を長くして大きなpipsを狙うことになります。

前者であれば、基本的には利幅が少ないので重要ポイントスレスレでポジションを持ち、損切りを浅くすることでリスクリワードを保ちます。後者であれば、反転の値動きをイメージした大きいリワードを見込んでポジションを持つので、ポイント到達後の値動きを観察して、多少損切幅が大きくなっても後乗りで狙うほうが有利なことが多いです。

「反発」を狙うのか「反転」を狙うのかはラインだけで判断することは基本的に不可能で、次章の基礎的なテクニカルと組み合わせて考える必要がありますが、ここではまず、ラインを使って考える反発と反転の狙い方の差を解説していきます。

● 反発が狙えそうなポイントとは？

図3-26を見てください。このようにラインのクロスに対してレートが接近した場合、「反発が起こりそう」という認識のもと、ロングポジションを持てないかと考えるはずです。実際のエントリーではこんなに大きな視点だけでは考えず、当然下位足も確認します。

図3-26 ▶ 反発が狙えそうなポイント

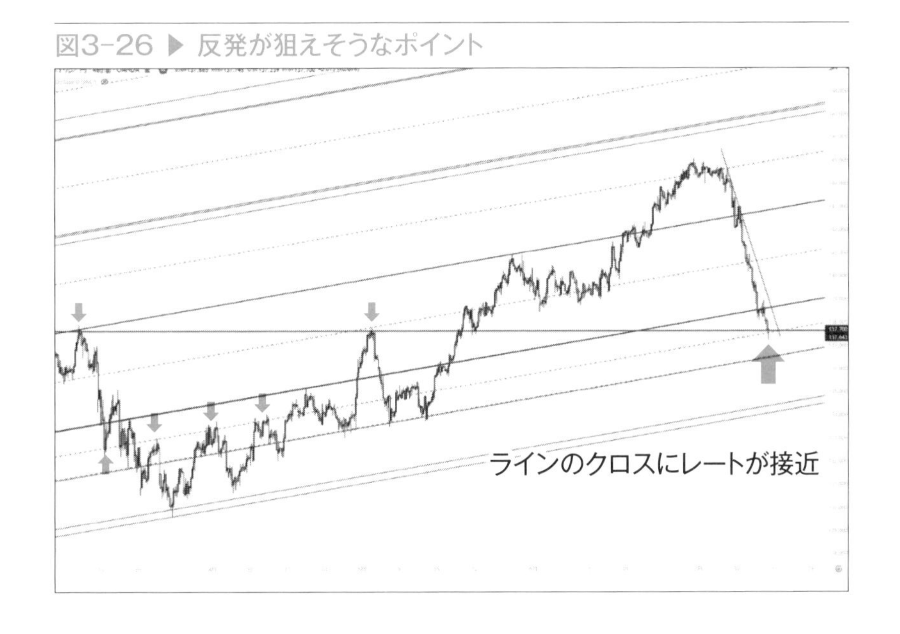

ラインのクロスにレートが接触しに来るということは、狙いたい方向のポジションと逆向きの波があるはずなので、下位足ではこの波全体を包むトレンドラインを引きます。

これはエントリーをするかしないかの判断であったり、タイミングを測るための補助的なラインなので、雑なトレンドラインで構いません。

図3-27 ▶ エントリー判断をするために雑なラインを引いてみる

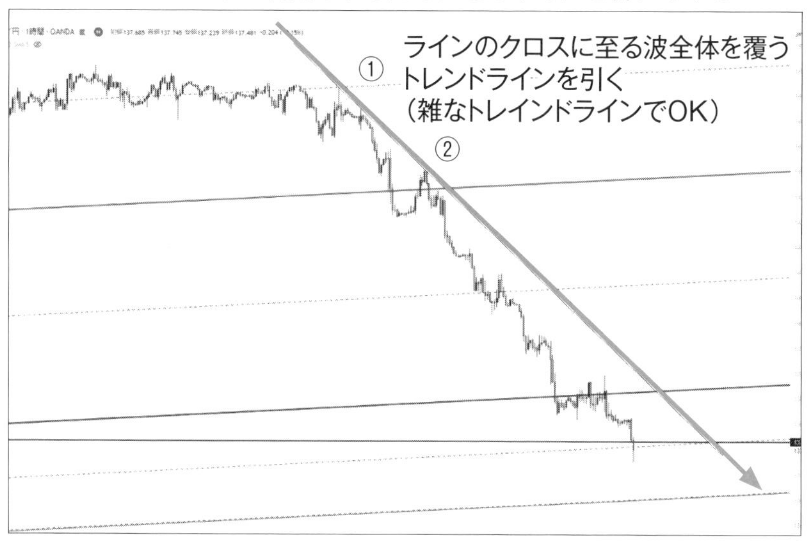

このトレンドライン内にいる間は、基本的には「逆張りをしている」という意識が大切になります。逆張りしようとする波のトレンドラインまでを短期の利幅と見立てて、それに対して損切りを浅くリスクリワードが保てるのであれば反発狙いで逆張りをする価値があると考えるのです。

この段階から大きい反転を期待し、「300pipsを狙うから200pipsくらい含み損に耐えよう」といった考え方はコツコツドカンの原因になりやすいためおすすめしません。短期の枠でリスクリワードを測り、エントリーの可否を判断する癖をつけることが必要です。

当然、結果として大きく上昇する可能性はありますが、その場合は波を包んだトレンドラインまでの短期的なリワードに対してリスクを限定し、そのリスク内で利益方向に伸びたときに「利確するのか保有するのか」の判断を再度行えばいいだけです。

図3-28 ▶ エントリーはリスクリワードで考える

● 逆張りが期待できない局面

図3-29を見てください。今度は別のチャートになりますが、トレンドラインは角度のついたラインなので、重要ポイントとトレンドラインの間の値動きが長期化すると三角形の末端での値動きとなっていきます。そうなると、逆張りの損切り幅に対しての利幅が減少し、徐々にリスクリワードが崩れてきます。

こういう状況になってからの逆張りに期待値は保てず、第4章で紹介するチャートパターンのディセンディングトライアングルのイメージにもつながるので、反発狙いのロングを持つタイミングとしては不適切です。

図3-29 ▶ 三角形が狭まり、利幅が期待できない

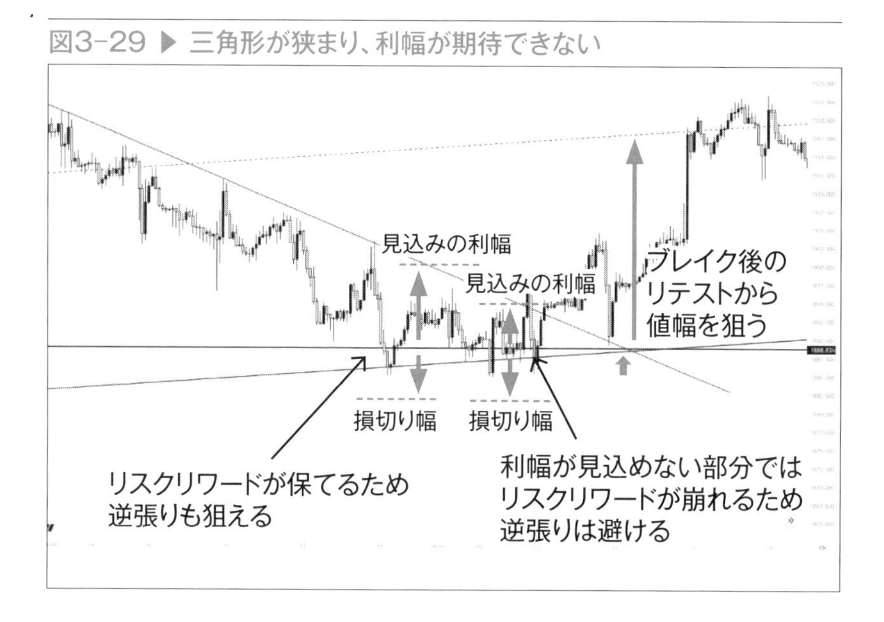

もし、反転の起点を期待してポジションを持つのであれば、波を包むトレンドラインを抜けたあとのほうが上値は軽く、上昇しやすい地合いだといえます。

このように、重要ポイントだけを見るのではなく、そのポイントに至る波から生じるトレンドラインをもとに、逆張りの反発を狙えるタイミング（リスクリワード）なのか、直近の下落の波の規則性を抜けてある程度利幅を取れる反転を狙えるタイミングなのかを判断することが横軸を意識するということです。

ただし、図3-30のチャートでは理想的にトレンドライン内とブレイク後の2度ラインのクロスにタッチしていますが、このような、エントリーしやすい値動きが出るかどうかはそのときの相場次第です。

図3-30 ▶ トレンドラインを抜けたあとのほうが上値は軽くなる

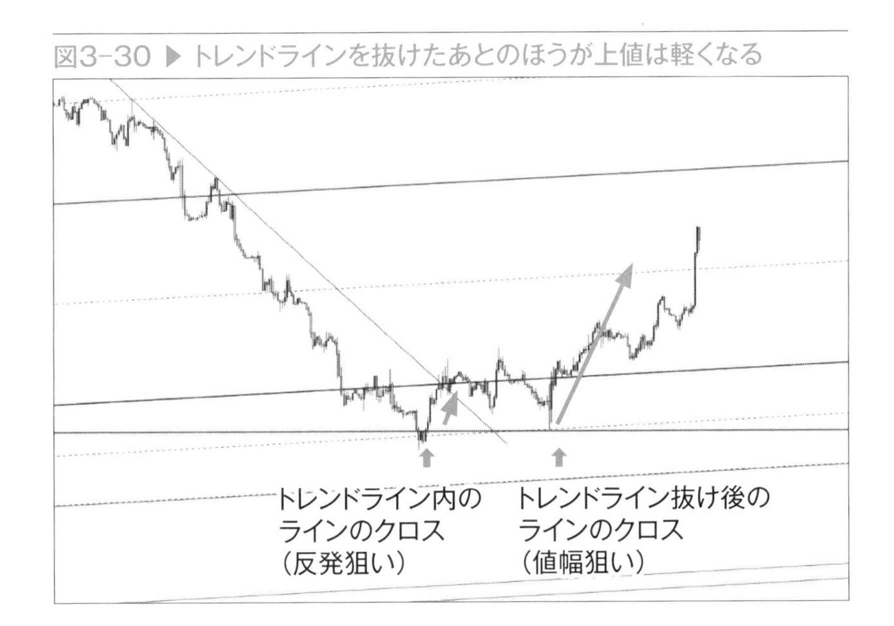

どのパターンを狙って、どのパターンの機会損失を許容するか

図3-31を見てください。このようなトレンドラインを無視してそのまま大きめの値動きが起こるパターンに対しては、逆張りの位置のポジションを握ることが最適解になります。

しかし、このパターンを期待して握った結果、図3-30のパターンのように、一度トレンドラインをブレイクしてから重要ラインまで戻ってくる場合、含み益が出ていても建値に戻ってきてしまいますし、含み損になり損切りになる可能性もあるわけです。

図3−31 ▶ 大きく反発を取れた例

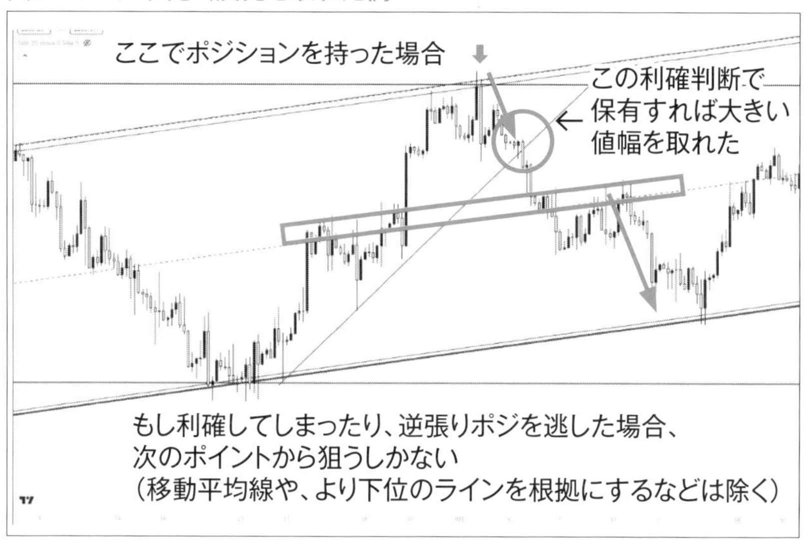

当然、トレンドラインという横軸の基準を設けても、こういった値動きパターンのどれになるかを予測することはほぼ不可能なので、**必要となるのは「自分はどのパターンを狙って、どのパターンの機会損**

失を許容するか」を明確にしておくことです。

これは、トレーダーそれぞれの性格や得意不得意によって変わってくるものなので、私のスタンスを真似する必要はありません。ただ、個人的な基本スタンスとしては、自信があるポイントでリスクリワードが担保されていれば逆張りを狙い、トレンドラインなどの短期トレードとしての利幅が出ればそこでポジションの一部を利確して、残りを転換期待で持ち続けます（これは基本スタンスなので、そのまますべて握ること、すべて利確することもあります）。

● トレンドライン裏へ接近

逆張りのポジションを持てるような値動きや強度ではなかった場合は、逆張りは捨てて横軸を待ち、トレンドラインブレイク後に「重要ポイントまで接近（図3-30の例のようなチャート）」、あるいは、「トレンドライン裏へ接近」するという前提で待ち構え、ポジションを持つことができれば、ある程度大きめの利幅を狙います。

「トレンドライン裏へ接近」とは、ポイントに至るトレンドラインの裏にリテストの値動きを期待してポジションを持つことです。理想は逆張りのリスクリワードを説明したチャートのトレンドラインの裏と、重要ポイントのラインのクロスにレートがぶつかるタイミングですが（図3-32）、ブレイク後の横軸が短いタイミングで押しや戻りが入ると、重要ポイントからは少し離れたポイントでトレンドラインに対するリテストを期待することになります（図3-33）。そうなると少々損切り幅が大きくなりやすいので、分割してポジションを持つなど工夫することも多いです（図3-34）。

図3-32 ▶ 重要ポイントまで接近するチャート

図3-33 ▶ トレンドライン裏へ接近

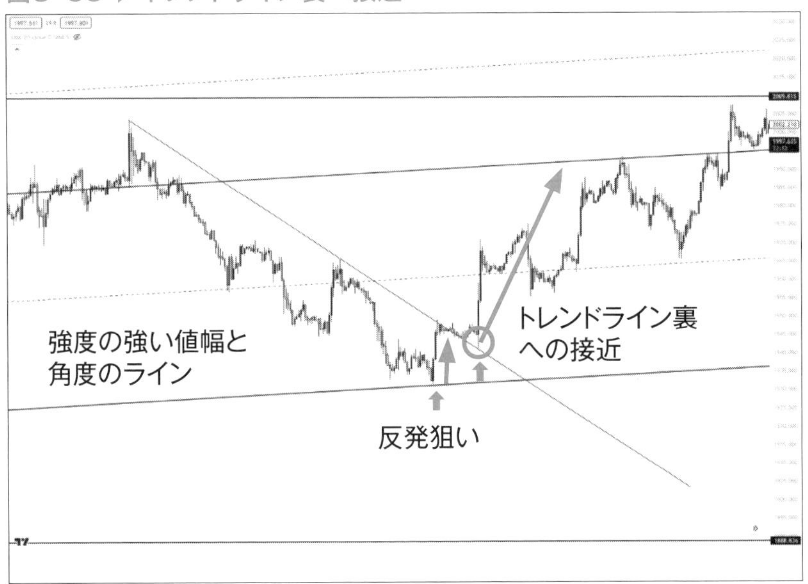

図3-34 ▶ 損切り幅が大きい箇所は分割する

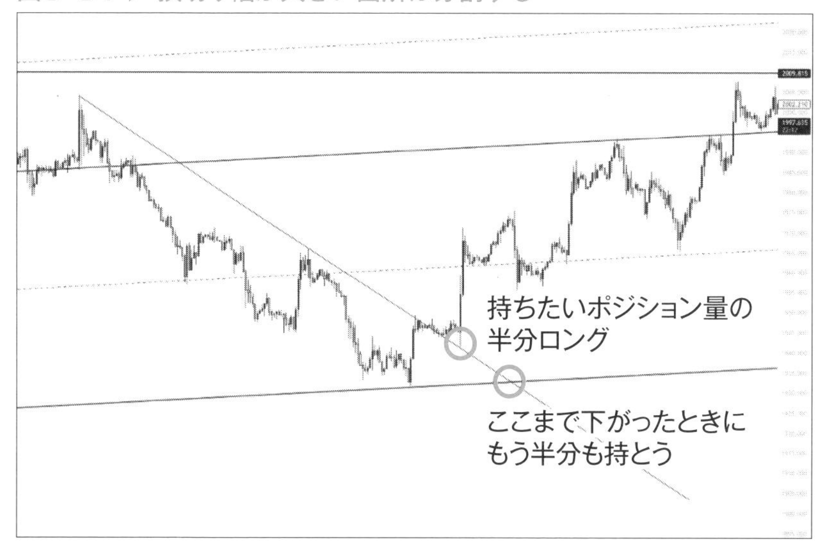

トレンドラインブレイク後に待ち構えたポイントにレートが戻らず、前提が否定されてさらに値動きが進みそうなシーンでは、短期的なラインのクロスや次のポイントからのエントリーを検討します。

このように、自分で「こういう状況だったらこうする」というスタンスを明確に持ち、それをベースに実際の値動きを見て適切に対応することが成功するトレードの鍵となります。

Check!

- エントリーポイントでは反発を狙うのか反転を期待するのか狙いを明確にする必要がある
- トレンドラインの横軸を意識することで、エントリーポイントを精査し、ポジションを持つかどうかの判断を行う

CHAPTER

4

ライントレードに必要なテクニカルの基礎

15

ラインを超えて見る チャート分析の本質

ラインは単なる反発点の候補にすぎません。反発後の値動きを予測するためには、一般的なテクニカルを踏まえて分析する必要があります。

ダウ理論の解釈

これまで、ほぼすべてラインに関することを述べてきましたが、ラインは単なる反発点の候補を示しているにすぎません。実際に反発しても、その後の動きが転換するのか、一時的な反発後にブレイクするのかを判断することはできません。

値幅を狙う場合、ラインに到達する前の値動きや直前の波の特性を考慮して値動きを予測する必要があります。この章では、ラインを軸にしてチャートを分析するトレーダーにとって必要な最低限のテクニカルについてまとめました。

FXの書籍では珍しく、ここでようやくダウ理論の話題が登場します。ダウ理論とは、市場の値動きを評価するための理論で、6つの基本法則で構成されます。しかし、一般的にいわれるダウ理論はその中でも6番目の基本法則、「トレンドは明確な転換シグナルが発生するまで継続する」というものを指すことが多いです。本書でもダウ理論を「トレンドは明確な転換シグナルが発生するまで継続する」として扱い、その意味やトレードへの応用について解説していきます。

一般的にダウ理論は次のように図示され、トレンドは明確な転換シグナルが発生するまで上昇トレンドなら上昇し続け、下落トレンドなら下落し続けると定めているにすぎません。

図4−1 ▶ ダウ理論の上昇トレンドと下降トレンド

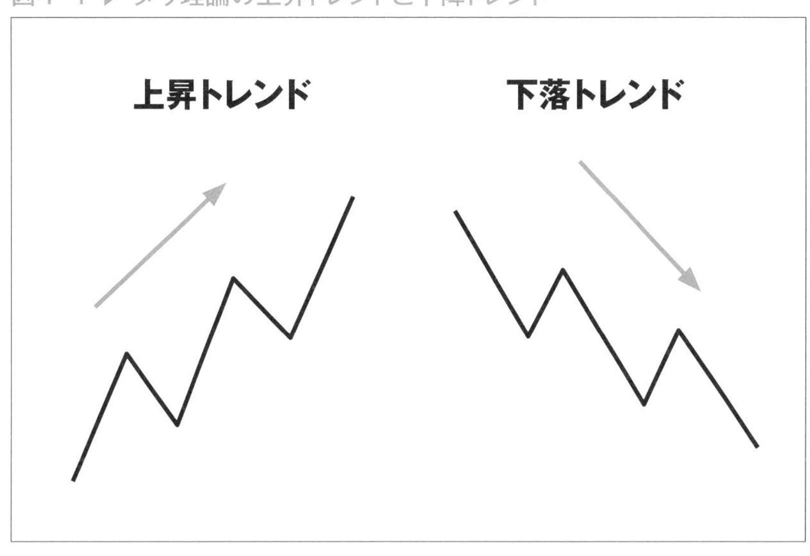

● 押し安値と戻り高値の考え方

では、「明確な転換シグナル」とは具体的にどういう状態を指すのでしょうか。これを理解するために知っておかなければならないキーワードがあります。それが「押し安値」「戻り高値」です。

押し安値：高値を更新した波の起点となる安値
戻り高値：安値を更新した波の起点となる高値

よく見る図で説明すると、次のようなイメージです。

図4-2 ▶ 押し安値と戻り高値

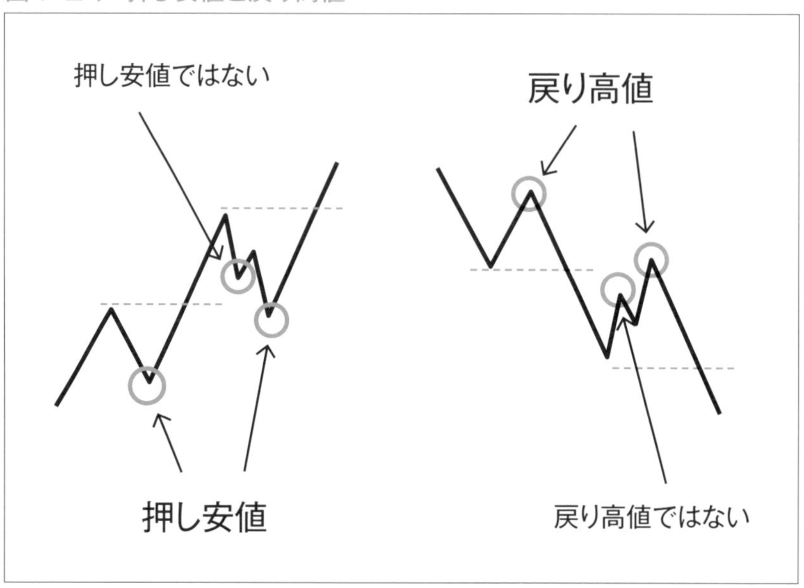

図4-3 ▶ 押し安値の例

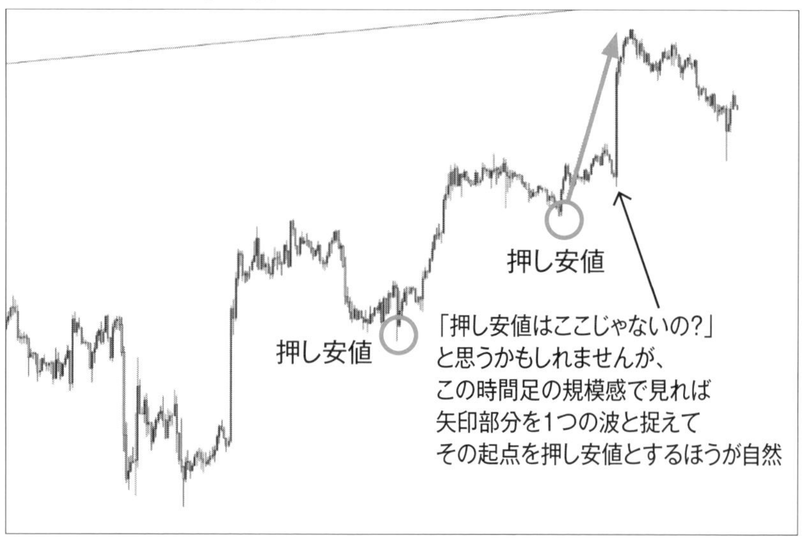

まず、こうした図を見て間違えないでほしいのは、直線が上がったり下がったりするのは、実際のチャートでも明確に上下の動きがあるものを図示している、ということです。

例えば、図4-4のような上昇の値動きの中に押し安値を見つけることはできません。時間足を落とせばローソク足の数が増えて明確な押しが可視化されるかもしれませんが、図4-4の時間足の矢印の部分は直線で表現している値動きだということです。

要するに、トレンドにおける「押し」や「戻り」というのは、その時間足ではっきりとローソク足が何本も連なって形成されるトレンドと逆方向の値動きであり、ローソク足1、2本のトレンドと逆の流れではないと理解しておきましょう。

図4-4 ▶ 一方向のチャートには押し、戻しは発生していない

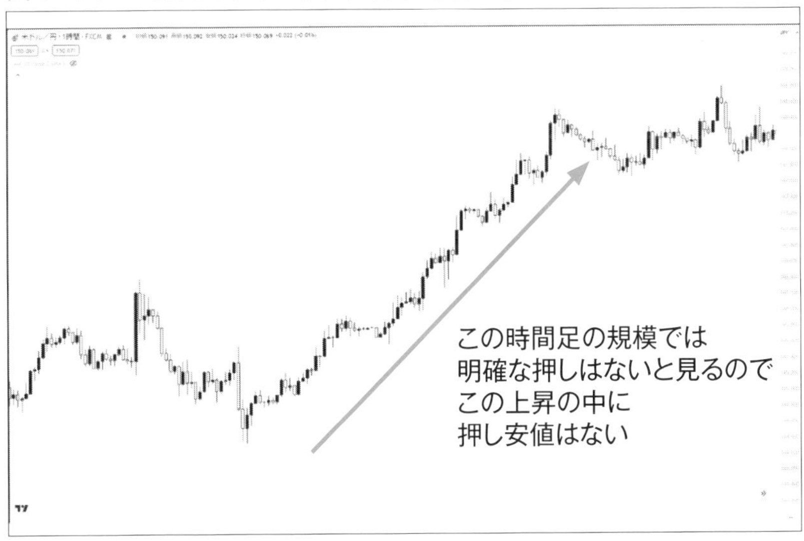

「明確な転換シグナル」の定義

「押し安値」と「戻り高値」の言葉を整理したところで、ここから本題に入っていきます。「明確な転換シグナル」とは、具体的にどんな状態なのかを説明していきます。

本書で示す「明確な転換シグナル」は、以下のように定めます。

上昇トレンドの場合：押し安値をブレイクし、その後高値を更新しない（高値更新の失敗）
下落トレンドの場合：戻り高値をブレイクし、その後安値を更新しない（安値更新の失敗）

言葉の通りに上昇トレンドの転換シグナルを図解すると、概ね図4-5のようなパターンが描きやすいかと思います（下落は逆）。

図4-5 ▶ 転換シグナルとしてよく見る形

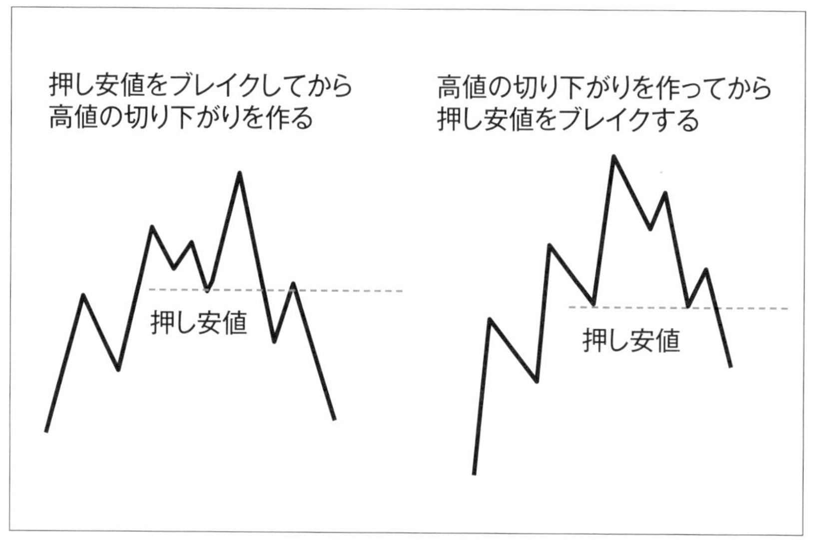

当然、相場ではこの2パターン以外の形で転換していくこともあれば、この2パターンが出てもトレンドが継続する場合もあります。

ダウ理論とは絶対的なルールではなく、あくまで「チャールズ・ダウ」という一人の人間が提唱しているにすぎません。第2章のトレンドにおける水平線のように、「一般的にこういう形になりやすいとされている値動き」として、頭の中に形のイメージを暗記しておくようなものだと理解することが大切です。

ネットや書籍で紹介されている情報には、「押し安値割れ」「戻り高値抜け」のみを転換シグナルとしているケースがありますが、その基準で実際にトレンドを判別するとだまされやすい、というのが私の経験則です。

そこで本書では、押し安値・戻り高値のブレイクに、さらに一段階基準を加えて「転換シグナル」としています。

図4-6 ▶ 片方の要素だけの場合のよくあるダマシパターン

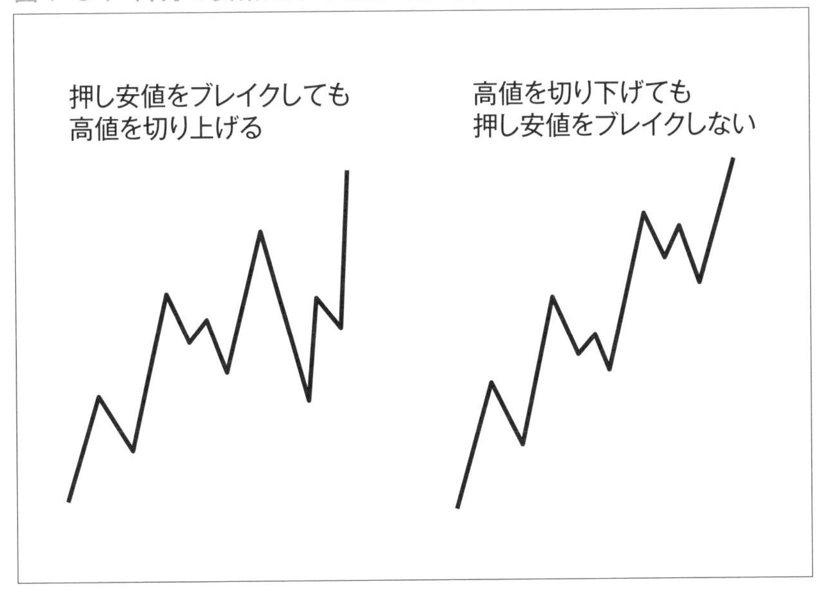

ただ、この基準がトレードに絶大な影響を及ぼすかといえばそういうわけではありません。そもそもダウ理論とは、先ほど書いたように「一般的にこういう形になりやすいとされている値動き」として認識することが大切で、各時間足の環境認識レベルの方向感の予測に使うことがほとんどだからです。

Check!

- ダウ理論は絶対的なルールではなく、相場の状況に応じて柔軟に対応することが重要
- 押し安値や戻り高値のブレイクだけではなく、さらに一段階基準を加えることで、トレンドの転換シグナルをより適切に捉えることができる

コラム　自分の感覚を身につける

トレードにおいては、情報を深く理解し、突き詰めていくことが極めて重要です。一般的に提供される情報を浅く理解していては、実際のスキルの向上にはつながりません。

一般的な理論や情報をもとにしつつも、独自の解釈を持ち、経験に基づいて条件を絞り込んだり、効果的なパターンを見つけ出したりすることが、本当の意味での洗練されたトレードの作業です。

FXに関しては、本を読んでもうまくいかないという話をよく耳にしますが、私もその通りだと考えています。トレードの世界の一般的な情報は各テクニカルの基本原則を提供しているにすぎず、その解釈はトレーダー個人に委ねられています。

各トレーダーは、基本原則をもとにトレードし、自身の経験からそれを突き詰める必要がありますが、その重要性に気づいていない人も多いのが現状です。

何度も述べますが、本書に記されていることは、私が経験に基づいて突き詰めた結果から得られた解釈です。私は私自身の解釈が正しいと自信を持っていますが、読者のみなさんが自身の正解としていくためには、実際の経験が必要です。
もし本書を読んで、自分の感覚と異なると感じた場合は、その感覚を整理し、独自の解釈を持って市場と向き合うことで、自身の正解が見えてくるでしょう。

16 ダウ理論をチャート分析に取り入れる

ダウ理論を用いたチャート分析は、見た目以上に複雑です。一般的な解釈と異なり、時間足ごとのトレンドやリスクリワードの視点を重視します。

ダウ理論の一面的な捉え方

ダウ理論について、実際のチャートでよく紹介される例として、図4-7のように、単一の時間足のチャートのわかりやすい転換シグナルから値動きが反転している部分を切り取って紹介されることが多いように感じます。

確かに正しい側面はありますが、これだけの認識で「ダウ理論は簡単で最強の手法」などと盲目的に捉えることはせず、実際はもっと複雑になっていることを認識しましょう。

図4-8を見てください。このチャートでダウ理論を分析するとどうなるか、考えていきます。

これはゴールドの日足で、押し安値からこの時点までのレートの差は2000pips以上あることになります。日足をダウ理論で分析した結果、上目線だからといってこの2000pipsの空間をロングだけで立ち回ろうとすると、かなり危険なトレードだと言わざるを得ません。

図4-7 ▶ ダウ理論の切り取り

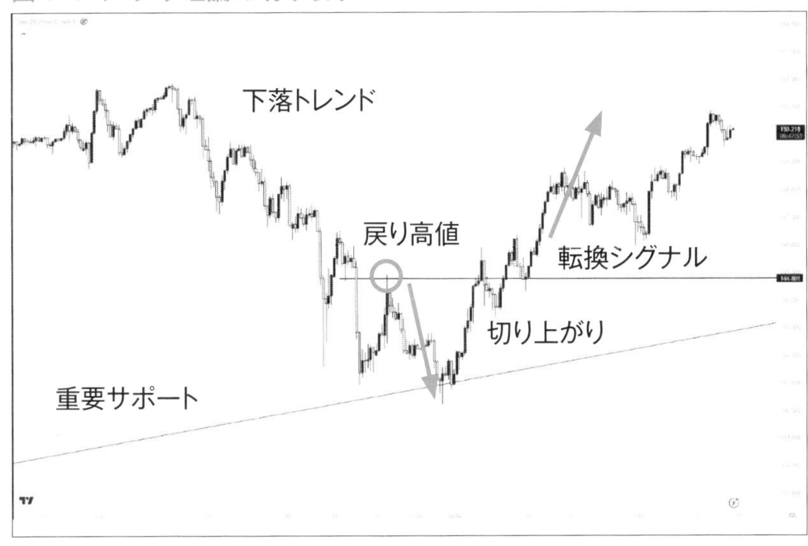

図4-8 ▶ 2000pipsの空間をロングだけで立ち回る?

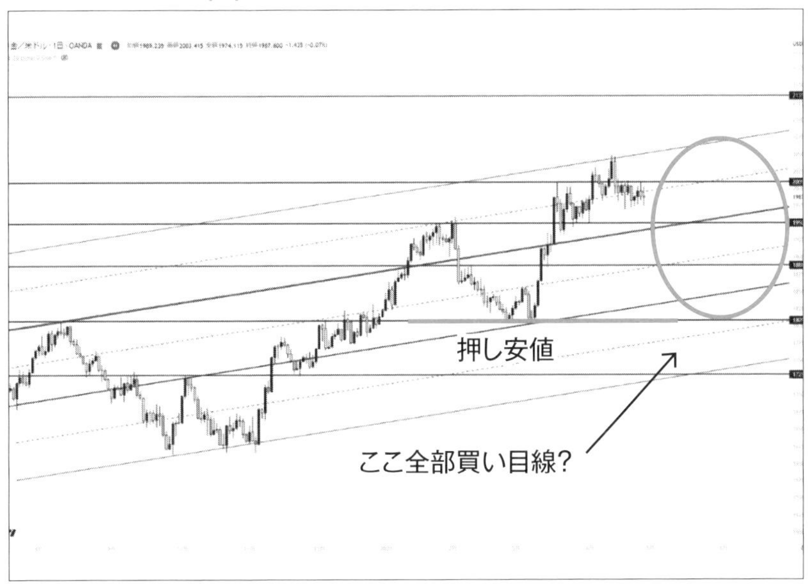

少しチャートを進めて1時間足に時間足を落としてみます（図4-9）。この時点でも、価格は日足の押し安値の上にあるので、日足のトレンドは上向きといえますが、1時間足レベルの押し安値はブレイクされ戻り高値となり、下降チャネルの中で動いていることが読み取れます。

図4-9 ▶ 1時間足では下降チャネルの中

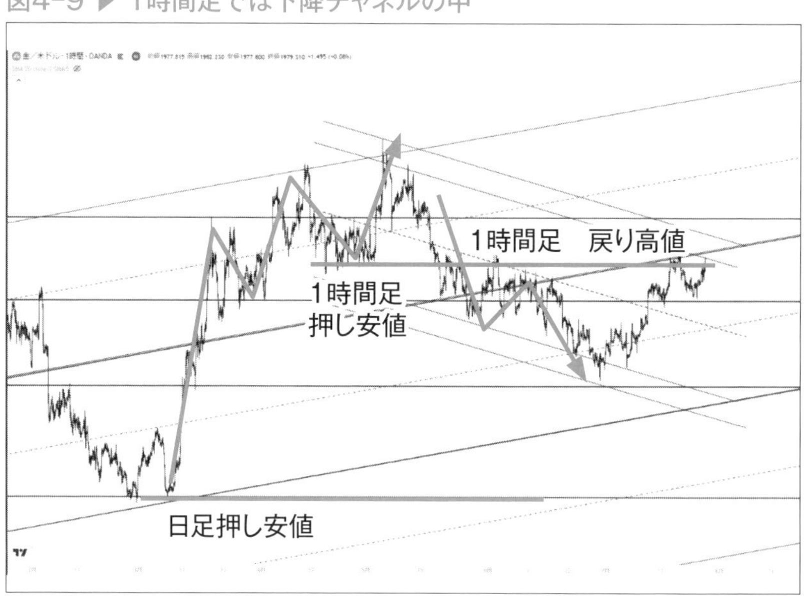

時間足を変更すると見方が一変する

このように、ダウ理論のトレンドを定義する押し安値や戻り高値は、時間足を変更すると波が分解され位置が変わり、上位足のトレンドの中に下位足で逆のトレンドが生じることもよくあります。

ダウ理論は「転換シグナルが発生するまでトレンドが継続する」と簡単にまとめられがちですが、**その本質は「複数の時間足のトレンドの向きと、目線の分岐点を明確化する環境認識」ということです。**その環境から、自分のトレードする時間軸ではどのようにトレードするかを考察するための材料にすぎません。

この状況のトレードシナリオには、日足の上昇トレンドというベースに、逆三尊や水平線といったサポートを根拠に上目線で見るという視点と、1時間足の戻り高値、値幅と角度のラインや平行チャネルなどのレジスタンスを踏まえて下目線で見るという、上下が別々のシナリオが生まれます。

つまり、現在のレートは「日足は上、1時間足は下」という目線になっており、方向感は見る範囲によってロング、ショート、どちらも正解といえる状況になっているということです。

ただ、このチャートだけで考えれば、1時間足の戻り高値、平行チャネルの上限という根拠からショートのリスクリワードは最大になっていると判断できます（ギリギリ下目線の位置にいるということです／図4-10）。

もしロングを狙いたいのであれば、現在のレジスタンスの水平線がある状況よりもう少し待って、戻り高値を上抜けして切り上がりの安値を作り、「日足↑／1時間足↑」と目線が一致してから狙ったほうが根拠が増すというのはわかりますよね（図4-11）。

レジサポを見抜いて材料にする

少し混乱してきてしまうかもしれませんが、何がいいたいかというと、複数の時間足でダウ理論に基づき方向感を分析すると、よっぽどの相場でなければ時間足によって目線が変わってしまうため、ロング、ショート、どちらのポジションを取っても基本的に不正解とはいえない、ということです

大前提として、自分が「どの時間足の目線」を狙ってトレードをしているのかをはっきりさせたうえで、狙う時間足以外の目線の分岐点はどこにあり、自分が持ちたいポジションの値動きを邪魔するレジサポの位置を考えて、それに対するリスクリワードを保ったうえでトレードする必要があるということです。

図4-10 ▶ 下降チャネルの上限からショートを狙う

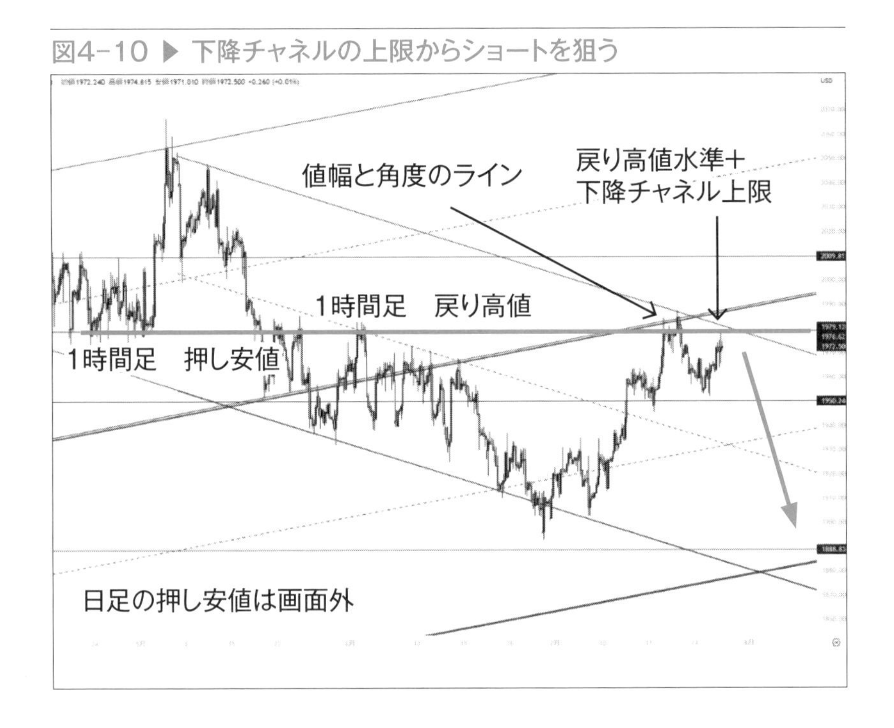

図4-11 ▶ 下降チャネルブレイク後にロングを狙う

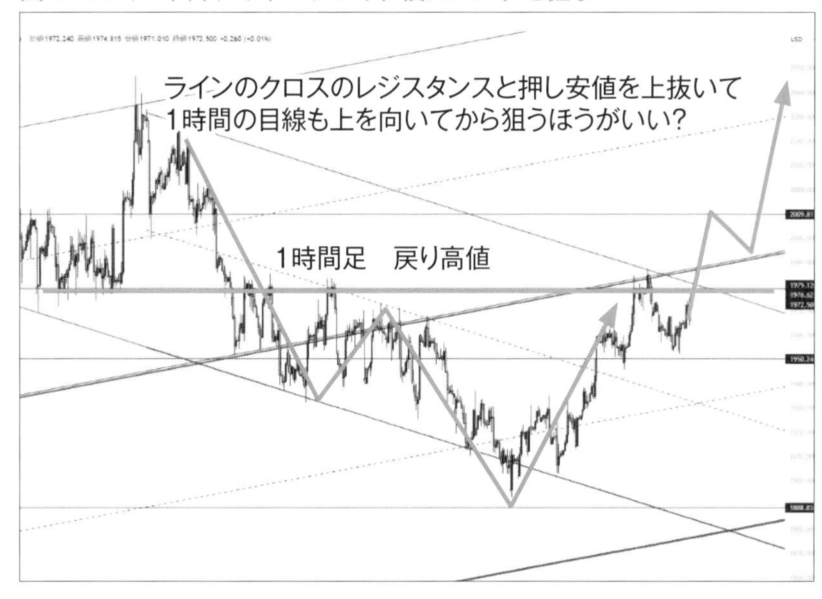

この後の値動きがどうなったかを日足に戻して見るとわかりますが(図4-12)、最初の1時間足の押し安値をレジスタンス・日足押し安値をサポートとしたエリアの中で値幅と角度のラインや水平線、平行チャネルのレジサポをもとに値動きを作り上げています。

ダウ的な見方をすると、下落チャネルにしたがってしばらく動いたので1時間足の戻り高値は変化し、チャート右側の1時間足の戻り高値を抜いたあとの安値（転換シグナル：1時間足↑／日足↑）から急騰しています。

ラインでの反応の素直さを見ると、時間足と値動きごとに変わる曖昧なダウ理論の方向感よりも、レジサポを見抜いて材料にするほうがトレードに活かしやすいということが、なんとなく伝わるのではないかと思います。

図4-12 ▶ 図4-11のあとの値動き(日足)

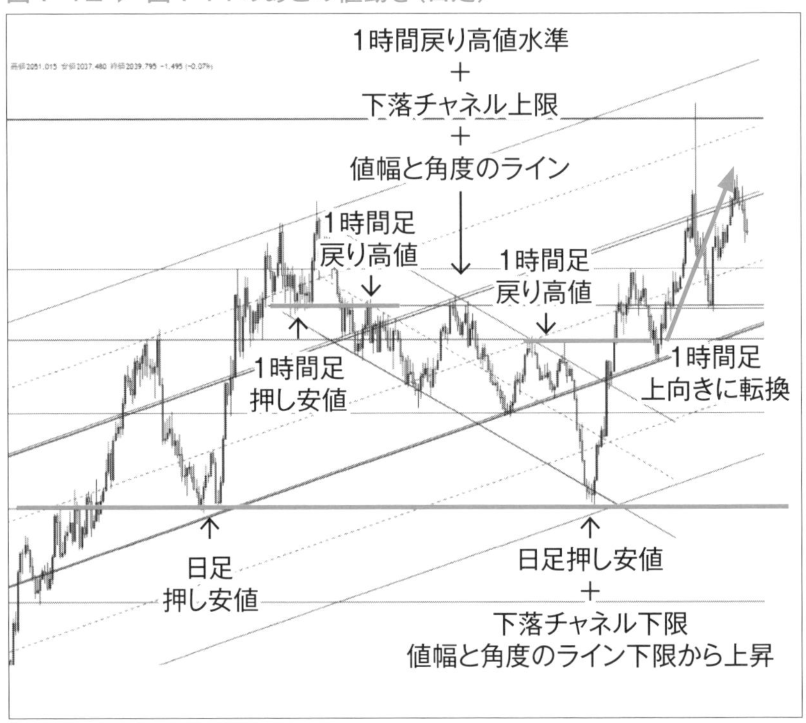

Check!

- ダウ理論の解釈は単純ではなく、複数の時間足での分析が必要
- チャート分析ではダウ理論よりもレジサポの位置を考慮することが重要

17 チャートパターンをトレードに活かす

チャートパターンをトレードで有効活用するためには、完成前からイメージを持ち、ポジションを構築することが重要です。一般的なセオリーにとらわれず、独自の視点で捉えることで、トレードの効果を高めることができます。

完成前からトレードのイメージを持つ

チャートパターンとは、複数のローソク足で形成される形のことを指します。一般的な紹介のされ方は、「完成されたパターンを確認し、その後の値動きを狙う」というものですが、個人的な感覚として、チャートパターンは完成したあとの動きを狙うというよりも、**完成前から「このパターンになりそうだな」というイメージを持ってポジションを持つほうが実用的であり、有効に作用すると考えています。**

● セオリー通りにやっているのにうまくいかない人へ

次ページの図4-13は私が作ったチャートパターンの一覧表です。ネットなどで散見される一般的なものと違うのは、点線の○で囲ったエントリーを狙うポイントの部分です。

例えば、一般的に逆三尊ではネックライン（上の点線）のブレイクからロングエントリーが推奨されています。それを本書では、右肩とネックラインに戻ってきた安値に○をつけています。右肩を狙ってエントリーするということは、まだ一般的な逆三尊としての形が成立する前の状態です。「逆三尊だからネックラインブレイクでロング」ではなくて、その視点も持ちつつ、「この値動きは逆三尊を作りそうだから、右肩をイメージしてロング」という認識も持つということです。

図4-13 ▶ 著者が作成したFXのチャートパターン

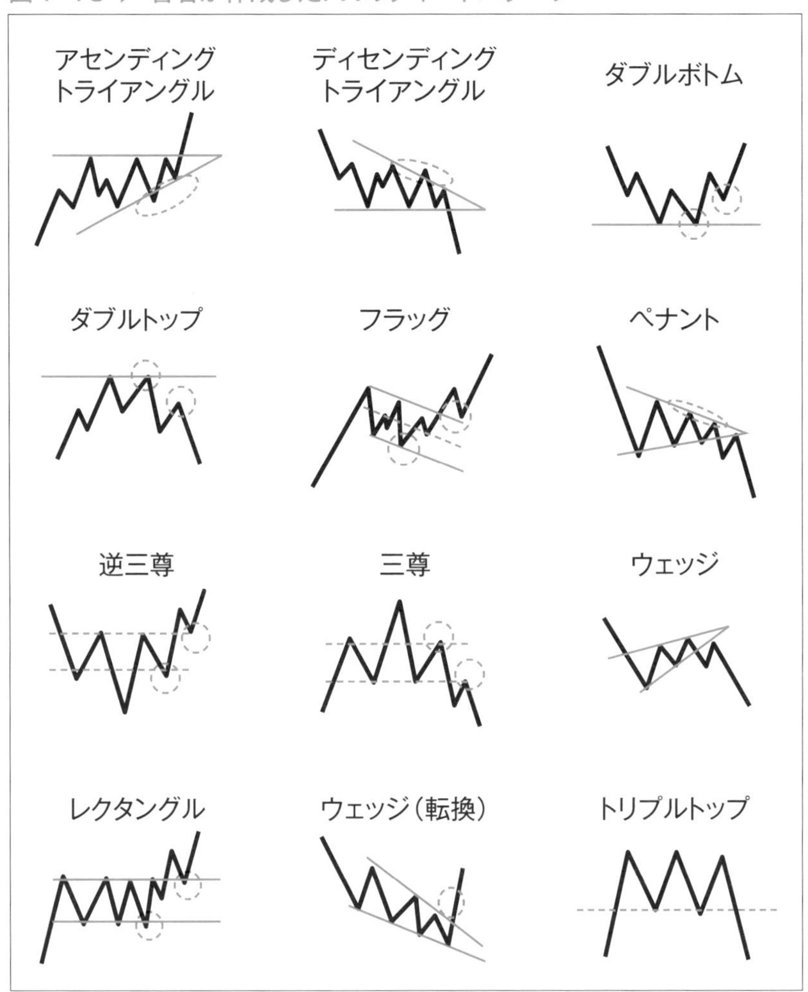

これはどのチャートパターンにもいえることです。一般的なチャートパターンのセオリー通りにトレードをしているのにうまくいかない人は、捉え方を変えてみるのも1つです（うまくいっているのであればあらためる必要はありません）。

本書では、この中から特にトレードに活かしやすいパターンをピックアップして解説していきます。

解説するパターンはトライアングル・ダブルトップ／ボトムの2つです。解説しない図4-13の中にあるパターンは上下どちらかの方向の形しか載せていないので（例：トリプルトップの逆のトリプルボトムは載せていなかったり、フラッグ・レクタングルなどで上方向しか載せていない）、逆向きの形も見たい人は、Googleなどで検索してみてください。

Check!

- チャートパターンのトレードでは、セオリーにとらわれすぎる必要はない
- トライアングル、ダブルトップ／ボトムでトレードに活かしやすいポイントを探す

18 アセンディングトライアングル、ディセンディングトライアングル

アセンディングトライアングルとディセンディングトライアングルは重要なチャートパターンですが、本書におけるチャートパターンの解釈とエントリー方法は、一般的な情報と異なります。

「形を作りそう」という思考をするためには

最初に紹介するのがアセンディングトライアングルとディセンディングトライアングルです。個人的に信頼しているパターンで、三角を抜けたあとにトレンド方向に値動きが走りやすく、リスクリワード、時間効率ともに優秀だと感じています。

こう書くと、チャートパターンを勉強する人の多くはどうしても直角三角形に目を向けてしまい、形を見つけてエントリーを狙うという一般的な考え方になりがちです。

そうではなく、先ほど書いたように、形ができる前にチャートパターンを「作りそう」という思考をすることが重要で、そのためには、**「レジスタンスとサポートの組み合わせでチャートパターンが作られる」**ということを理解することが大切です。

「どういうことなのか？」を含めて、まずはアセンディングトライアングルで狙うべきエントリーポイントを紹介していきます。

アセンディングトライアングルのエントリー

ネットや書籍で紹介されている情報では、トライアングルパターンのエントリーはブレイクからの順張りで紹介されることがほとんどです。このトライアングルのブレイクエントリーは他のパターンに比べて確かに有効です。

しかし、私が思うアセンディングトライアングルのエントリーポイントの理想は三角形の斜辺です。もしブレイク後にロングをするのであれば、ブレイクエントリーよりもリテストから狙ったほうがライントレード的には合理的です。

図4-14 ▶ アセンディングトライアングルのエントリー

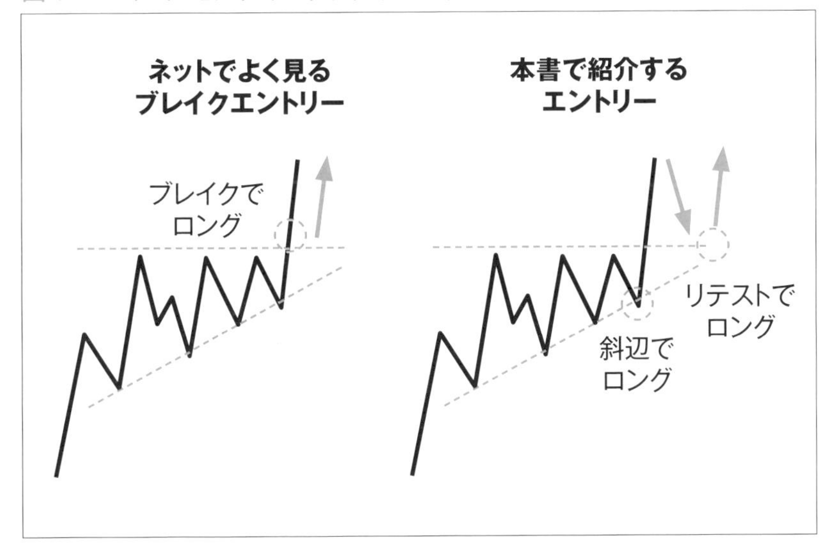

斜辺でのロングを推奨する理由を説明する前に、実際のアセンディングトライアングルのチャートを見てください（図4-15）。

最初に書いた通り、チャートパターンとはレジサポによって作られる形です。これをアセンディングトライアングルに当てはめると、トライアングル自体はトレンドラインと水平線の間のレンジであり、そのレンジブレイクによるレートの伸びを狙ってエントリーする、というのがこのパターンに対する解釈になります。

図4-15 ▶ 実際のアセンディングトライアングルのチャート

サポートである斜辺を背に

もしこのような認識をしているのであれば、サポートとなるラインを背にロングポジションを持つほうが効率的なはずで、わざわざレジスタンスのブレイクを判断してエントリーする必要はないのではないか、というのが私の持論です。

アセンディングトライアングルを根拠にするのであれば、サポートである斜辺を背にしたほうが、仮にポジションを持った瞬間に値動きが逆行しても損切り幅は狭くなるはずです。

そもそもレンジの下限のラインを背にしているので、ポジションを持ったポイントからすぐに含み益になる可能性のほうが高くなります。

このことは、ほぼすべてのチャートパターンに共通していえることです。今後のパターンで細かい説明は省略しますが、チャートパターンが否定される状況（損切り）を考えたときに、チャートパターンの枠をブレイクしてエントリーするのと、枠のサポートやレジスタンスを背にするトレード、どちらがトレードとして効率がいいかは明らかです（図4-16～19）。

アセンディングトライアングルは斜辺でポジションを持つことが理想ですが、ポジションを取り逃してブレイクしてしまった場合、基本的にはリテストを待つことでエントリーチャンスとなります。

ただし、このトライアングルパターンに限っては、他のパターンに比べてトレンド方向への切り上がりや切り下がりといった方向感を伴うパターンであり、ブレイク後にレートが伸びていきやすい側面があります。そのため、ブレイク後にリテストしない値動きも多く、斜辺を逃してしまったときには教科書的にブレイクで入るエントリーも1つの手段であると思っています（リテストを狙うのもブレイクで入るのもレートの位置はほぼ同じになるため）。

図4-16 ▶ ブレイクエントリーで損切りする場合

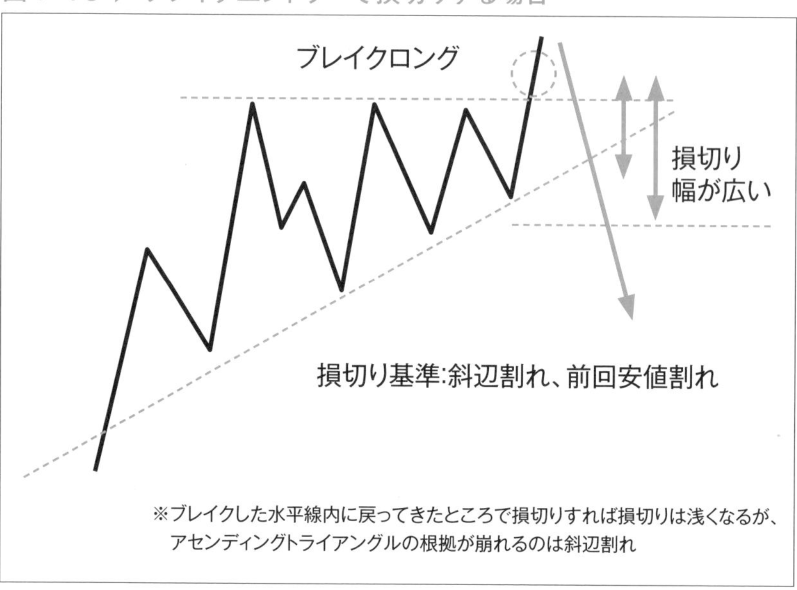

図4-17 ▶ サポートを背にしたエントリーで損切りする場合

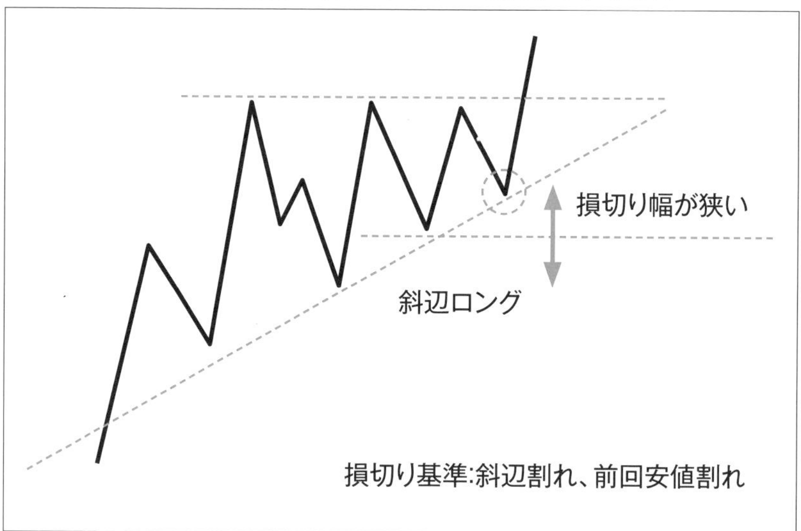

図4-18 ▶ ブレイクエントリーは利幅も狭い

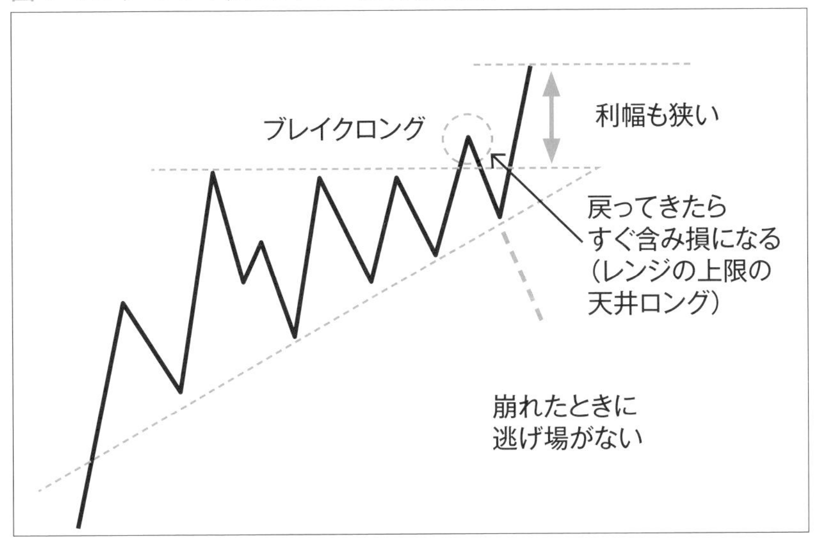

図4-19 ▶ サポートを背にすると利幅が広くなる

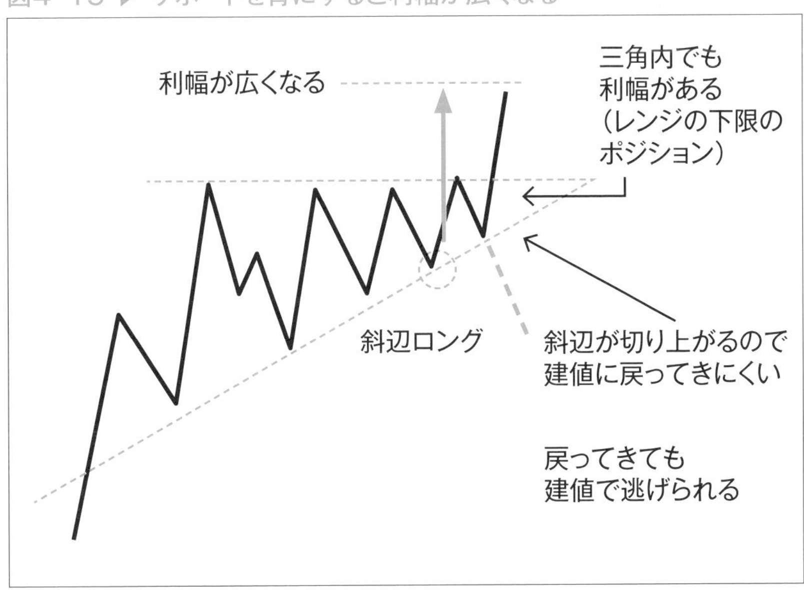

Check!

- アセンディングトライアングルのエントリーポイントは、ブレイクではなく、サポートである斜辺から狙うことが効率的
- チャートパターンを活用する際には、ブレイクエントリーとサポートを背にするトレードの効率性を比較し、エントリー戦略を選択することが重要
- 斜辺でのポジション取得が理想的だが、トライアングルパターンに限ってはブレイクのエントリーも有効な手段として考慮すべき

19 アセンディングトライアングルとライントレード

アセンディングトライアングルとライントレードの関係を探ります。チャートパターンの理解には、トライアングルの形だけでなく、ラインの使い方にも注目が必要です。

ラインの重要性とシナリオ化の可能性

先ほどのアセンディングトライアングルの紹介チャートでは、わかりやすく目立つ三角形に対してトレンドラインと水平線のみを引いて紹介しましたが、何度もいうようにアセンディングトライアングルの原理は切り上がりのサポートと水平線のレジスタンスの間のレンジです。

つまり、チャート上にすでにライン引きしてある値幅と角度のラインやトレンドライン、水平線もアセンディングトライアングルを構成する可能性があり、チャート分析として「ライン間でトライアングルを形成後、水平線をブレイクして次のポイントまで上昇する」というシナリオを作ることができるということです。

また、本章冒頭で、「ある程度の反発以上に値幅を狙うのであれば、ラインに至る値動きや直前の波の作り方をもとに値動きを予測することが必要」と述べましたが、このように方向性が伴うチャートパターンも、反発候補地点に到達したあとの値動きを分析する材料になるということです（図4-20、図4-21）。

図4-20 ▶ 水平線をブレイクして次のポイントまで上昇する可能性をシナリオ化

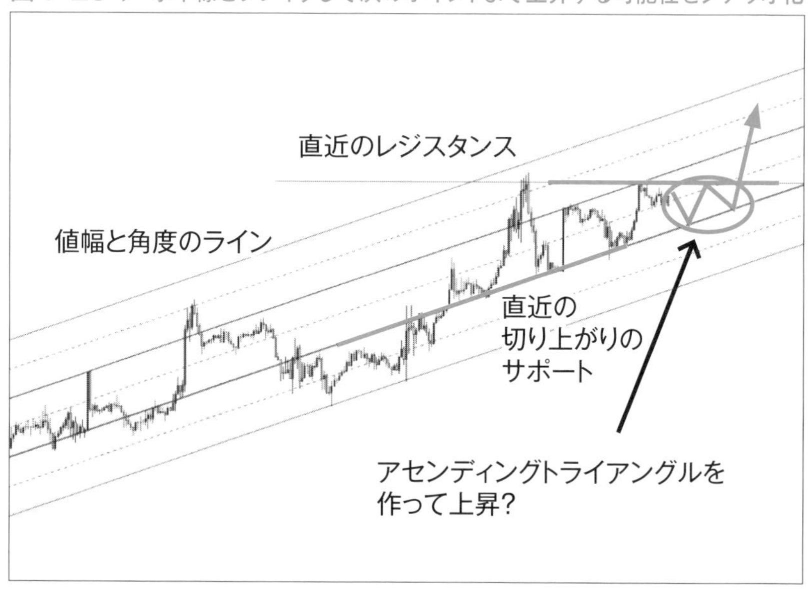

図4-21 ▶ その後の値動き

間違ってほしくないのは、値幅と角度のラインを使ったトライアングルの例は、本書の趣旨である「ライン」を軸として他のテクニカルを取り込むための考え方であり、アセンディングトライアングルの一般的なエントリーとして、シンプルに直近短期間の切り上がりラインや短期移動平均線などをサポートと見立ててトレードすることも十分に有効です（図4-22)。

したがって、「値幅と角度のラインが引けないとアセンディングトライアングルを活用できない」ということはありません。アセンディングトライアングルというパターン自体は、切り上がりのサポートと水平のレジスタンスがあれば、どんなテクニカルに対しても解釈し有効利用できるチャートパターンです。

図4-22 ▶ 短期移動平均線などをサポートと見立ててトレードすることも有効

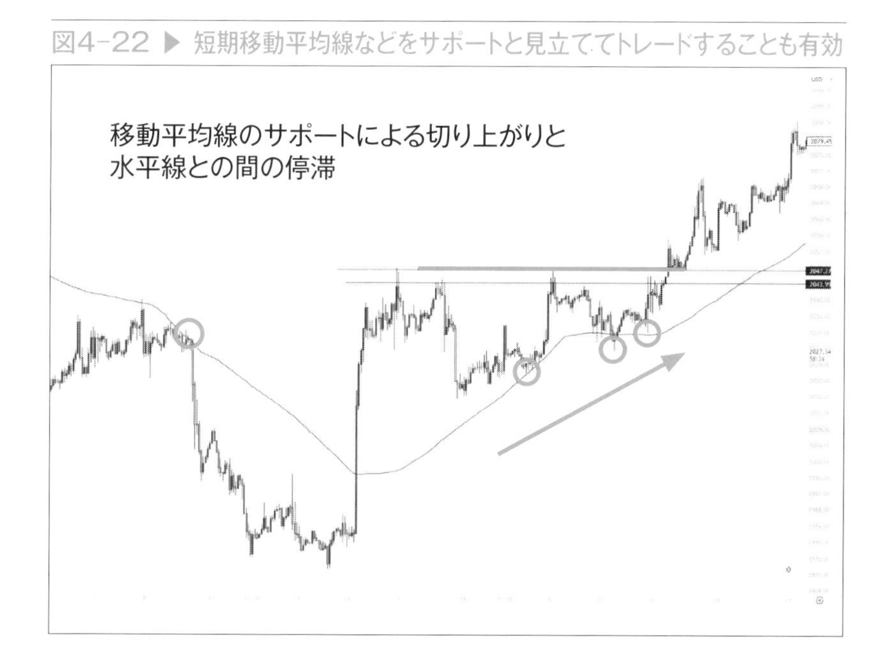

ディセンディングトライアングル

ここまでアセンディングトライアングルについてかなり掘り下げて書いてきたので、あらためてディセンディングトライアングルについて書くことは避けようと思います。

アセンディングトライアングルは上昇トレンド中の切り上がりの直角三角形で、ディンセンディングトライアングルは下落トレンドの中の切り下がりの直角三角形という違いで、ブレイク後に伸びやすい特性もラインとの使い方もすべて同じです。

これまで何度も書きましたが、「形」で捉えようとすると、方向が違うだけの同じパターンも別物に見えてしまうかもしれません。しかし、レジスタンスとサポートという視点で捉えれば、方向が違うだけで同じものだと理解できるはずです。

図4-23 ▶ ディセンディングトライアングルのエントリー

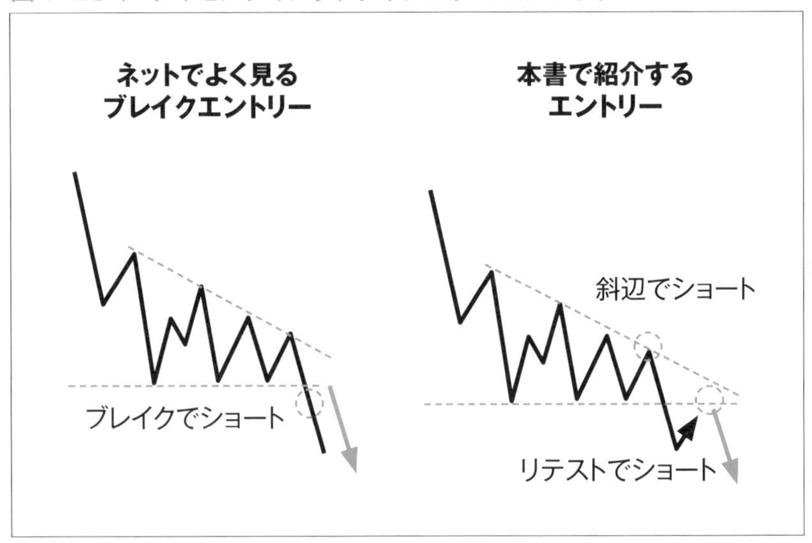

Check!

- アセンディングトライアングルは、ライントレードにおいて値幅と角度のライン、トレンドラインと水平線間のレンジと解釈できトライアングルの形成から次のポイント到達までの値動きのシナリオになり得る
- チャートパターンは形だけでなく、レジスタンスとサポートの視点から捉えることが重要

20 ダブルトップとダブルボトム

「ダブルトップ・ダブルボトム」はトレンドの転換を示す重要なチャートパターンです。一般的にネックラインを抜けることで転換サインとされますが、実際はもっと細かいポイントに目を向けておくことが必要です。

転換パターンの重要性とエントリー戦略

チャートパターンといえばコレ、というくらいメジャーな転換のチャートパターンです。一般的にダブルボトムであれば下落トレンド中のサポート、ダブルトップであれば上昇トレンド中のレジスタンスに対する2度目の反発がネックラインを抜くまで継続する場合、これまでのトレンドの転換サインと見てエントリーするとされています。

ネックラインとは、最高値や最安値への2回目のトライの起点で、押し安値や戻り高値と混ざってしまうかもしれませんが、押し安値や戻り高値は「高値・安値を更新した波の起点」であるのに対して、ネックラインは「最安値・最高値へ2回目を試した波の起点」になるので、少し意味合いが変わります（図4-24）。

図4-24 ▶ ダブルボトムとダブルトップ

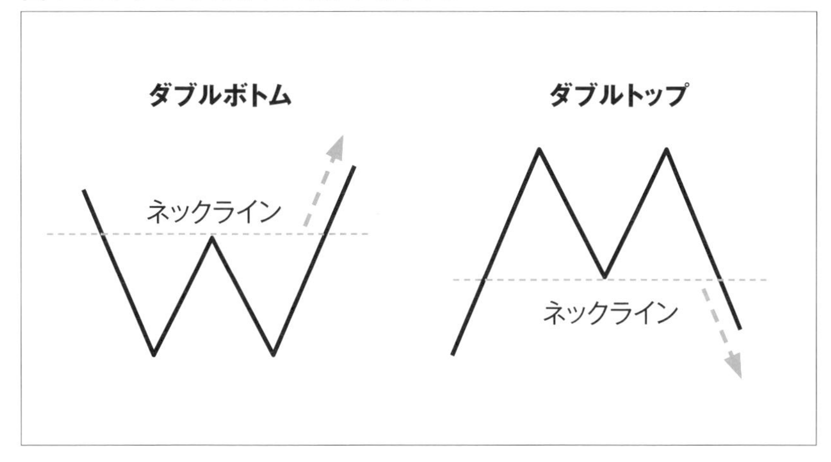

● 早い段階での転換サイン

ネックラインは通常、最安値・最高値よりも1つ前の安値や高値のリテストとして作られることが多く、このリテストのレジサポラインを越えたことで、トレンドと逆方向の波の次の背（ダブルボトムであればサポート、ダブルトップであればレジスタンス）が作られたと考えられます（図4-25)。このような形は、一般的なダウ理論の転換シグナルである押し安値や戻り高値を越えるよりも早い段階で転換のサインと見なされます。

この形が転換といわれる理由も、どうしてネックラインが大切なのかも、しっかりとレジスタンスとサポートを考えて解釈すれば難しいことはないはずですが、意外とこうしたことが説明されていないことも多い印象があります。初心者の方は特にこのどこにでも作られる形だけを知識として知り、こういった捉え方ができず損失を繰り返してしまうのではないでしょうか。

図4-25 ▶ ダウ理論の転換シグナルよりも早い転換のサイン

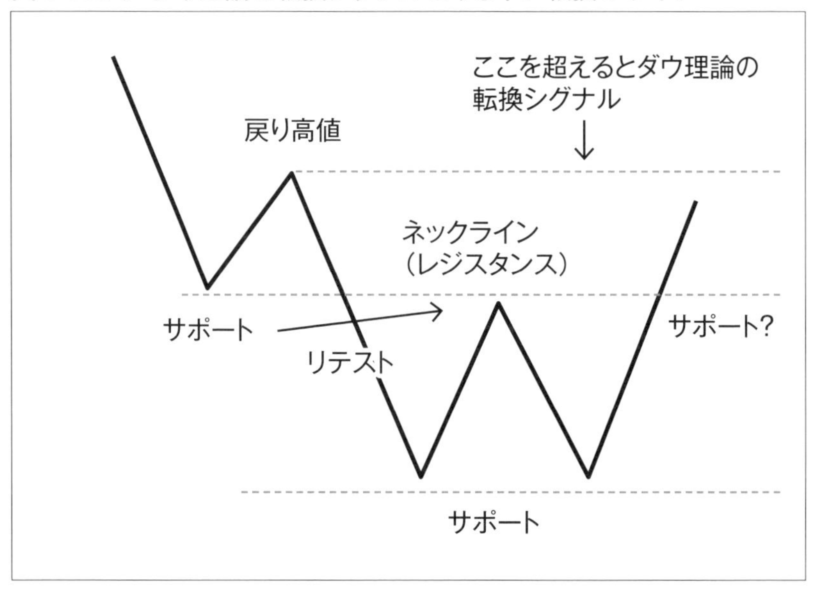

ダブルボトムのエントリー

基本的に私が思うダブルボトムのエントリーポイントは、ボトムの2点目です。ただ、先ほど述べたように、1つ前の安値のリテストでネックラインを形成しているダブルボトムであれば、ブレイク後のネックラインの裏もエントリーポイントとして考えられます（図4-26）。

この2か所をエントリーポイントとする理由はシンプルで、それぞれのポイントがサポートとして機能する可能性があると見立てることができるからです。反発候補として強度があるポイントで一度反発し、サポートの機能が事実として確認されていれば、当然ボトムの2点目もエントリーポイントになります。

また、1つ前の安値のリテストでネックラインが作られ、それをブレイクしたのであれば、今後サポートになる可能性があるため、ネックラインの裏もエントリーポイントとして考えられます。

このネックラインが直前の下落と関係せず、単独で存在する場合には、サポートになるかどうか優位性があるとはいえず、エントリーポイントとしては弱いのではないかという認識です。

またトライアングルパターンでは、ブレイク時の値動きの強さや、斜辺の切り上がり、切り下がりがある順張りであることから、ブレイクエントリーも1つの選択肢としましたが、転換のチャートパターンは逆張りの要素が入ってくるので、ダブルボトムの形だけの根拠で一般的なネックラインブレイクでのエントリーはややリスクが高い印象です。

図4-26 ▶ ダブルボトムのエントリー

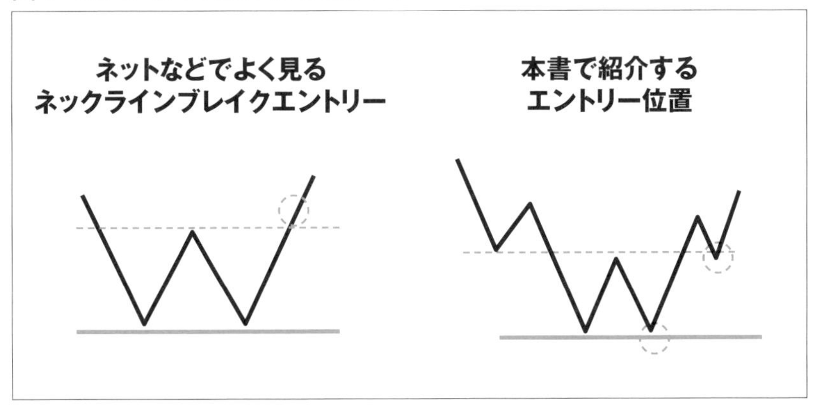

ただ、リスクの高いブレイクエントリーだけを避けていても、一度反発したサポートの2回目以降のトライすべてに逆張りしたり、ネッ

クラインリテストのすべてでポジションを持っていては恐らく負け込んでしまうはずです。そうならないように、それぞれのエントリーポイントでどのようなことに気をつけるべきか、どのようなポイントを見るべきかを詳しく説明していきます。

Check!

- 一般的にダブルボトムはダウ理論よりも早い段階での転換サインとされている
- ダブルボトムは、ボトムの２点目やネックラインの裏がエントリーポイントになり得る
- ネックラインの裏をエントリーポイントにするには、ネックラインの作られ方にも注目することが大切

21 ダブルボトムとライントレード

ダブルボトムのエントリーを考えるうえで、ボトムを形成する前の値動きも重要な要素です。ライントレードの理論に基づき、ダブルボトムやダブルトップの形成をより深く理解しましょう。

ダブルボトムを狙う際の重要なポイント

ダブルボトムを狙うために見ておかなければならないポイントは、ポイントに至るまでの波の作り方です。先ほど1つ前の安値がネックラインを作っていれば、ネックライン裏もエントリーポイントになるとしましたが、このポイントに至るまでの波というのはそれよりもさらに前の値動きのことを指します。

次ページの図4-27を見てください。ダブルボトムのボトムの2点目を狙うときのポイントを図にしたものですが、実はこのことの大半はもうすでに第3章の「横軸を意識しよう」で実際のチャートを使って解説しています。

図4-28は第3章のチャートを再掲したものですが、ダブルボトムのポイントの図がそのままチャートになっているような感じですよね。ラインを使ってトレードをするということは、そのラインに至る値動きに対しての反発や反転を狙うことが多くなるため、**ライントレードと転換のチャートパターンとは切っても切り離せない存在であるということです。**

図4-27 ▶ ダブルボトムのボトムを狙うポイント

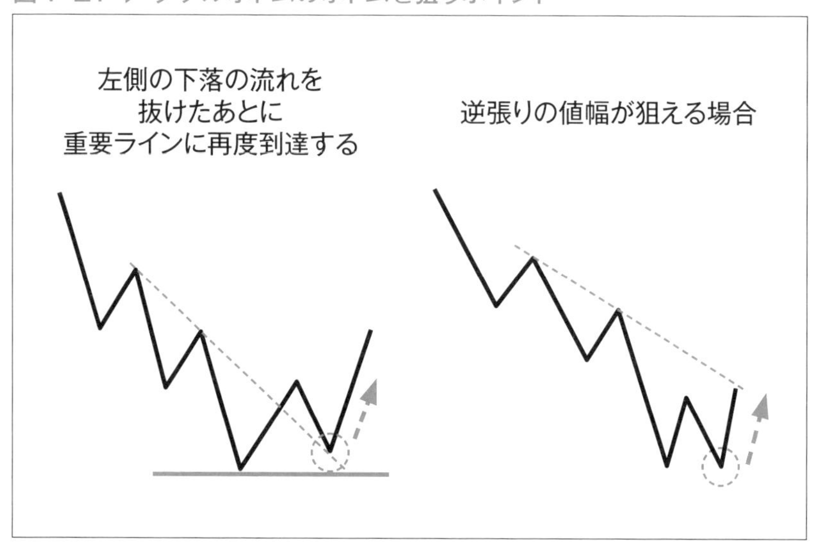

図4-28 ▶（図3-30再掲）

補足すると、これはダブルボトムに限らず、転換パターンすべてにいえることなので、三尊や逆三尊でも形の左側の流れは確実に見ておく必要があるということです。

ネックリテストを狙うポイントとは？

次に、ネックリテストを狙うポイントですが、先ほどのボトムを狙うときのポイントと同様に、左側の下落の流れを抜けていることは当然重要です。

図4-29 ▶ ダブルボトムのネックリテストを狙うポイント

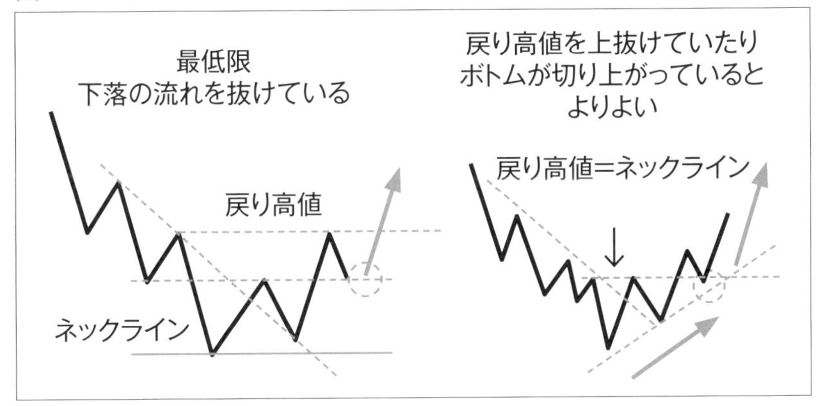

加えて、ダブルボトムというと水平にイメージして最安値の同じレートを2回つける動きを想像しがちですが、値幅と角度のラインやトレンドラインなどの斜めのラインもボトムの基準になり得ます。

切り上がりラインの基準でボトムを作り、下落時の戻り高値がネックラインの基準になっていれば、ダウ理論の転換シグナルも満たす形になり、根拠が強くなります。逆に、切り下がりのラインが基準の場合は、ダウ理論と矛盾するのでエントリーの吟味が必要になります。

●状況と根拠によって臨機応変に立ち回ること

ダブルボトムは形がシンプルゆえに簡単に表現されますが、**実際はボトムの基準になるラインの向き、強度、ラインに至る左側の下落角度、戻り高値、前回安値などの位置関係などを確認します。**それらを使って値動きをイメージしたときのダウ理論を踏まえて、ボトムから狙うのか、少し様子を見てネックライン抜けを確認してから狙うのか、状況と根拠によって臨機応変に立ち回れるのが理想です。

図4-30を見てください。実際のチャートを見ても意外と見ておくべきポイントは多く、ダブルボトムを簡単な「W」だと思っていたとしたら、ダブルボトムに対する理解が少し変わるかもしれません。

図4-30 ▶ ダブルボトムは簡単なWではない

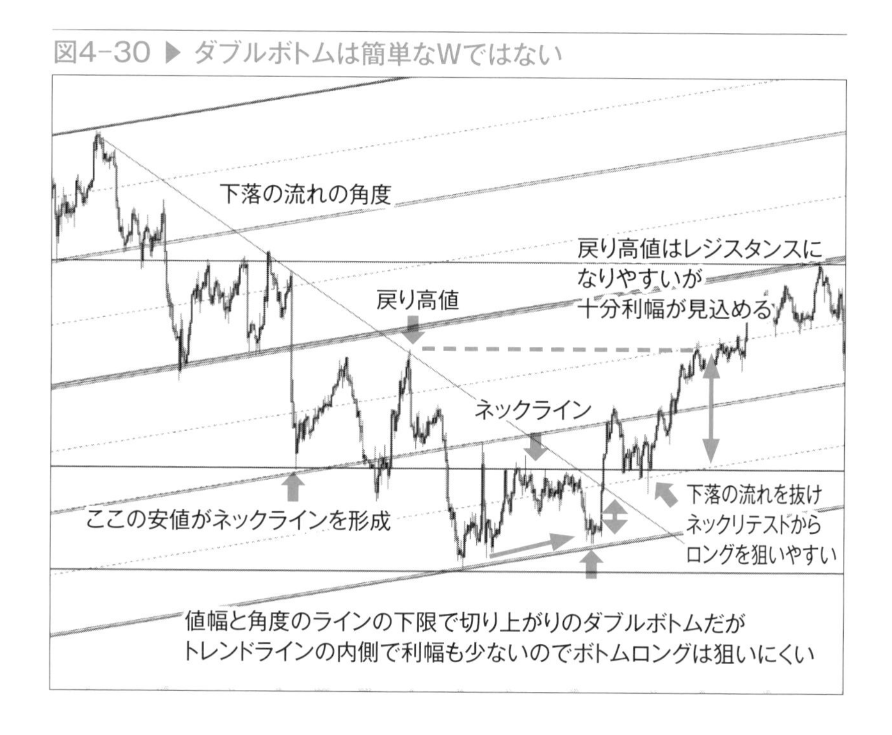

ダブルトップのエントリー

ディセンディングトライアングル同様、基本的な考え方はすべてダブルボトムと同じになるので、ダブルトップについての解説は省略しますが、参考までに図4-31をご覧ください。

図4-31 ▶ ダブルトップのエントリー

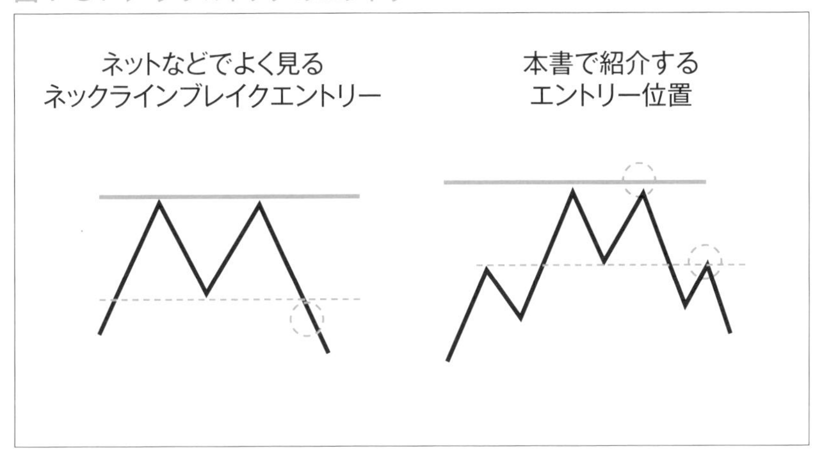

Check!

- ダブルボトムの形はシンプルだが、注目すべきポイントは多い
- ダブルトップにおいても、ダブルボトムと同様の原則が適用される

22 チャートパターンに対する向き合い方

チャートパターンの捉え方について考察してきましたが、基本的な理解は共通しています。レジスタンスとサポートを意識し、ブレイクエントリーよりもトレード効率を向上させるポイントに注目します。

チャートパターンの効果的な捉え方

ここまで2つのパターンについてエントリーポイントや捉え方のイメージを述べましたが、どのパターンに対しても基本的な理解は同じです。**パターンを作るレジスタンスとサポートをイメージし、ブレイクエントリーよりもそのパターンのトレード効率がよくなるポイントを背にトレードするように考えればいいのです。**

転換のチャートパターンには、そこからさらに形の左側の角度や高安値、ダウ理論といった視点を加えますが、ダブルボトムの例のように考えれば、三尊や逆三尊でもエントリーすべきポイント、条件などは各々考えることができるのではないかと思います。

最後に、説明しなかったパターンに対して「個人的」な考えを少しお伝えします。フラッグはトレンドに対する調整の値動きが平行チャネルで形成されているだけですし、レクタングルは水平線2本の間、ペナントは切り上がり線と切り下がり線の間に停滞しているにすぎません。

このあたりのパターンは、一般的にトレンド継続のパターンとして紹介されますが、正直アセンディングトライアングル、ディセンディングトライアングルのように、トレンド方向への切り下がりや切り上がりがないのであれば、ただ単にレジスタンスとサポートの間にいるパターンであり、方向感の優位性の材料としてはそこまで強くないように思います。

本書のチャートパターンに対する考え方を反映するのであれば、こういったパターンに対して教科書的なブレイクエントリーを仕掛けるという発想よりも、そのレジサポの間でいかに有利なポジションを持ち、レンジ内で利益を確保したり、含み益でブレイクに備えられたりするかが焦点になるはずです。

もし、チャートパターンに対して絶対的に正解の方向感やエントリーを求めている人がいたとしたら、本書を読んでその認識をあらため、パターンを形成するレジサポやリスクリワードに目が向くようになることを願っています。

Check!

- チャートパターンが作られている環境を正しく理解し、チャートパターン内でのリスクリワードを考えることも大切
- チャートパターンで絶対的な正解を求めるよりもトレード効率を高める方向に意識を向けることが重要

23 これだけ プライスアクション

プライスアクションはローソク足の組み合わせから値動きを読み解くテクニカルです。ここでは、ライントレードをするうえで理解しておくべきトレンド継続や反転を示唆するプライスアクションについて解説します。

プライスアクションとは

一般的にチャートパターンが複数のローソク足で作られる形で見るテクニカルなのに対して、プライスアクションはローソク足の前後2本の組み合わせや、特徴的な1本で読み解くテクニカルです。

とはいえ、日足1本のプライスアクションの内部には5分足が200本以上あるわけで、1本のプライスアクションを示すローソク足の下位足でチャートパターンが作られていてもまったくおかしくありません。一概に別々のテクニカルというよりは、どちらもローソク足からヒントを得る仲間のテクニカルとして見ておくほうが正しいイメージです。

ネットで「プライスアクション」と検索してみると、「インサイド」「アウトサイド」に始まり、「リバーサル」「ランウェイ」「スラスト」などいろいろと出てきますが、本書ではライントレードをするうえで特に重要になるプライスアクションをピックアップして紹介します。

反転示唆のプライスアクション

反転示唆のプライスアクションには、一般的にリバーサルとスパイクの2つがあります（図4-32）。厳密にいえば、フェイクセットアップやフォールズブレイクアウトと呼ばれるプライスアクションもその後の値動きは反転を示しますが、状況が異なるだけで、判定の足は概ねリバーサルやピンバーと似た足のことを指すので今回は省略します。

これらのプライスアクションで重要なのは、闇雲にこうした形の足を探すのではなく、**反発・反転し得るポイントに到達した**ときに、こうしたローソク足の出現がないかを確認するということです。

逆張り、リバ取りといった横軸を待たない立ち回りでは、これらのローソク足の確定前にポジションを持つことになるので、**プライスアクションを見てのエントリーは「逆張りよりは遅いタイミング」で、「転換シグナルよりは早いタイミング」で行う**ということになります。

図4-32 ▶ 反転を示唆するリバーサルとスパイク

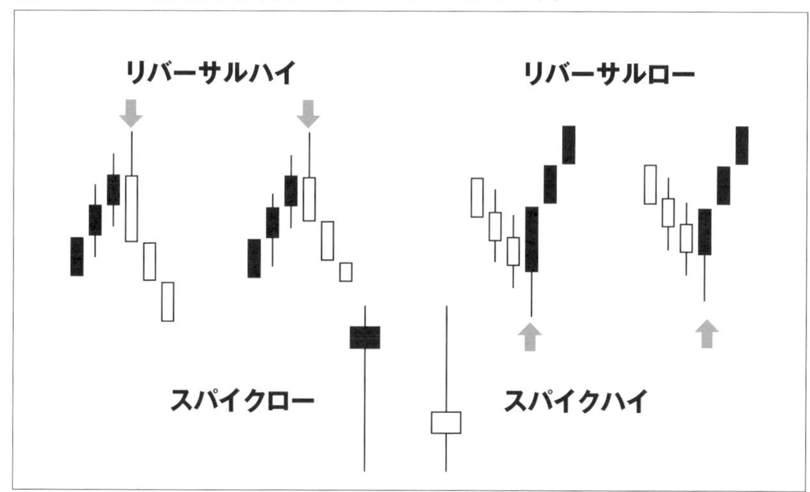

リバーサルハイとリバーサルロー

リバーサルハイ・リバーサルローは図4-33のように示され、トップやボトム圏の2本のローソク足で判断されます。前の足に対して矢印で示すようなローソク足の確定をサインと見るので、矢印の足でエントリーすることは不可能になります。

図4-33 ▶ リバーサルハイ、リバーサルローの強弱

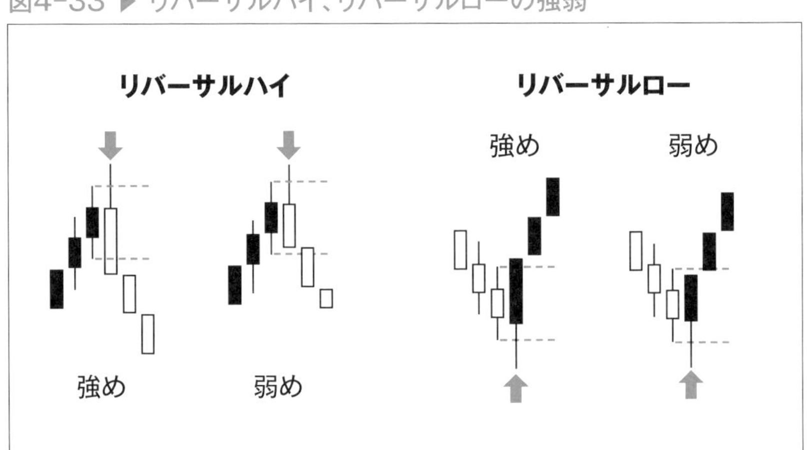

リバーサルはトップやボトム圏のアウトサイド（前の足を包むプライスアクション）と言い換えることができ、つまりは矢印の足が前の足を包んでいるかどうかが焦点になります。

その際、曖昧になるのが前の足の「実体を包んでいればいい」のか、「ヒゲも包まなくてはいけない」のかという点です。これが曖昧になるのも当然で、どちらの解釈も存在するからです。個人的には、リバーサルというのは下位足の「転換シグナル」を上位足で見たときに作られる形で、ヒゲを包んでいないとそのローソク足2本の部分の「転換シグナル」にならないため、「ヒゲまで包まなくてはいけない」という

認識のほうが強いです。

ただ、ローソク足という性質上、ただ時間で区切っているにすぎず、足1本で包み切れなくても、その足の確定の数分後に前の足のヒゲを割り込めば、結局は同じことになります。そのため、本書では一概にどちらかの基準に統一せず、前の足のヒゲまで覆っているものを強めのリバーサル、実体を覆っている物を弱めのリバーサルとして紹介します。

図4-34 ▶ 強めのリバーサル、弱めのリバーサル

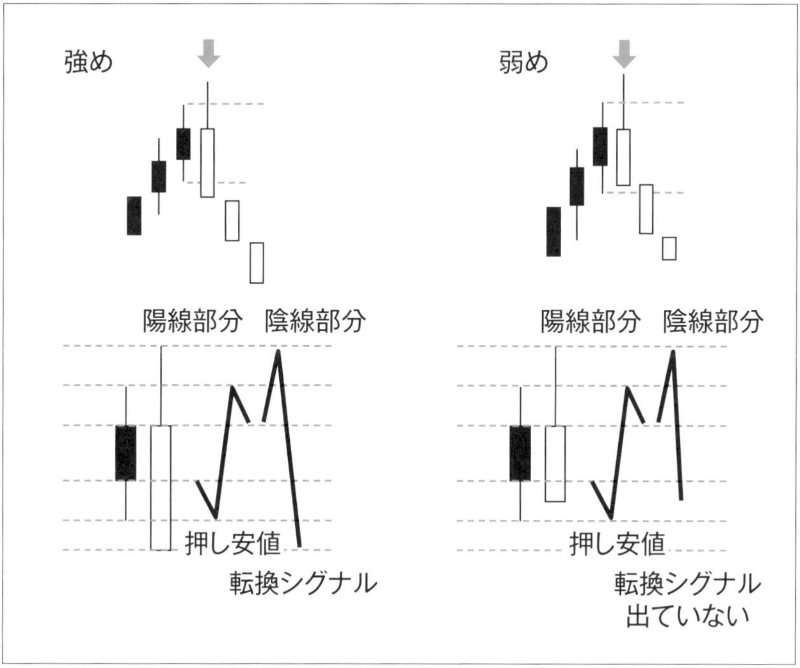

● どの足であっても基本的な見方・考え方は同じ

実際のチャート例を見ていきます。図4-35を見てください。ラインだけに注目すれば、上昇トレンドが値幅と角度のラインと水平線のクロスにぶつかり、下落へ転じているという見方にしかなりません。

しかし、本章でお伝えしてきたテクニカルの要素を絡めると、ラインのクロスには2回レートをつけており（ダブルトップ）、2回目のタッチから大きな下落が起こりリバーサルハイを形成、リバーサルハイを起点に大きく下落しています。このことから、チャートパターン、プライスアクションも、転換示唆としての役割を果たしているのがわかります。

この例は日足なので、リバーサルハイの確定後の翌日にそれだけの根拠で追いかけてショートすることは、ラインで見たときのリスクリワードが崩れているため合理的とはいえません。しかし、浅い押しで安易にロングすることは避けられます。

このように、プライスアクションは当然転換を狙う根拠としても考えられますが、**安易な順張りを警戒するサインとしても有効です。**

プライスアクションというと1～15分のサインとして見るイメージが強いかもしれませんが、どの足であっても基本的な見方・考え方は同じです。

図4-35 ▶ 日足のプライスアクション

図4-36 ▶ 強めのリバーサルハイが出たあとで急落

スパイクハイとスパイクロー

スパイクという形だけであれば、ヒゲが長く、実体部分が上下のどちらかに偏っていることが特徴ですが、形だけではなく値動きの本質を考えるのであれば、リバーサルと同じ意味合いの値動きになります(図4-37)。例えば、先ほどのリバーサルの例が30分足だったとした場合、その2本を組み合わせた1時間足を、スパイクとして見ることもできるということです。

●「形」だけでなくローソク足の中の動きも考える

上ヒゲと下ヒゲがあるローソク足の内部は下位で確認しなければ細かい値動きを知ることはできません。例えば、スパイクローの形をした陰線では、その内部の値動きによってはただの深い戻しでしかなく、

図4-37 ▶ スパイクハイ、スパイクロー

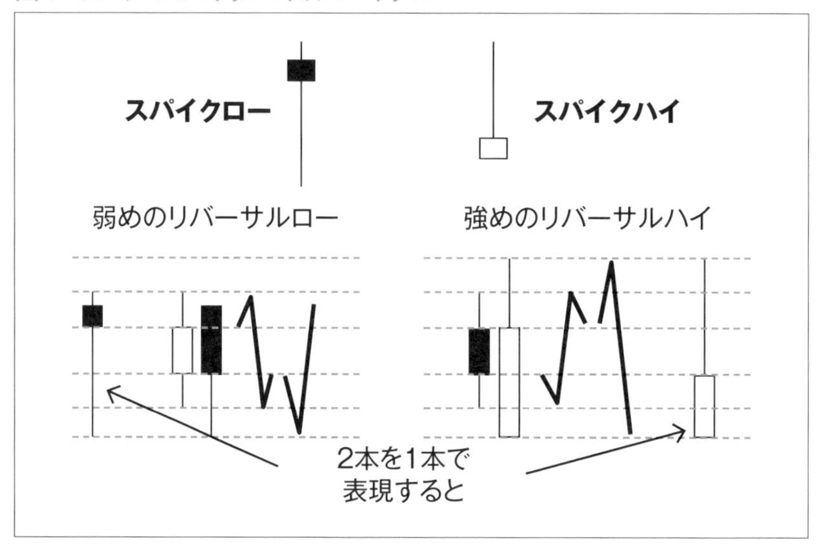

その1本を転換示唆のローソク足と呼ぶにはやや強引な印象です。長い下ヒゲに対して深く戻していることをあらわしていることから、確かにその後の転換示唆をしている一面もあるかもしれません。しかし、そのローソク足数本に含まれるごく短期の戻り高値、前回安値といったレジサポやダウといった観点からは方向感は読み取れません（図4-38）。

チャートパターンでも「形」だけを見るのではないと書きましたが、プライスアクションも「形」だけではなく、そのローソク内の値動きや、前のローソク足の高値・安値に対してどういった位置になるのかということを少し意識することも大切です（実際に下位足を確認する）。

図4-38 ▶ スパイクロー

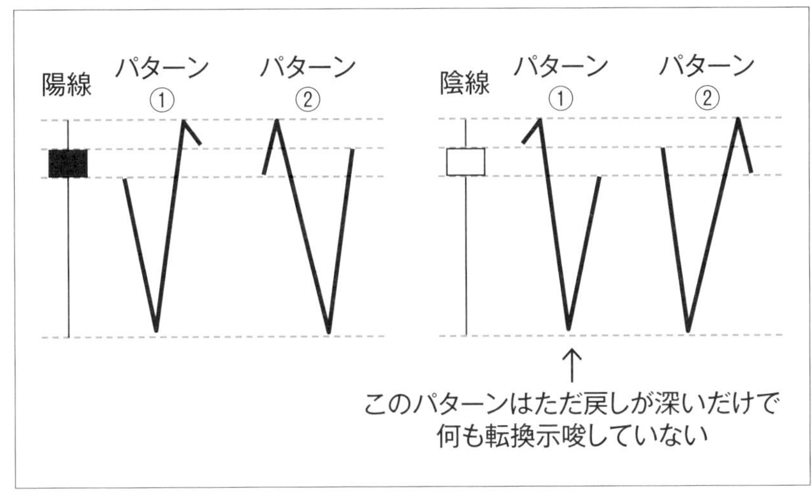

● スパイクは複数本あったほうが魅力的

図4-39を見てください。リバーサルと違ってスパイクはそのローソク足が確認された時間足では大きな実体が確認できていない状態になります。当然、反転示唆としてスパイク1本のあとに急変動することもありますが、トレードとして狙いやすいのは図4-40のようにポイント際で何度も長いひげで返されている動きです。

これは私の感覚的なイメージですが、リバーサルが前の足を否定して崩れるイメージがあるのに対して、スパイクは一気に反転するというよりは、スパイクのヒゲ先をその後の足でも何度か試す底固め、天井試しをしていくイメージのほうが強いです。

図4-39 ▶ スパイクローが1本で上昇するパターン

図4-40 ▶ 何度もスパイクで安値を試す

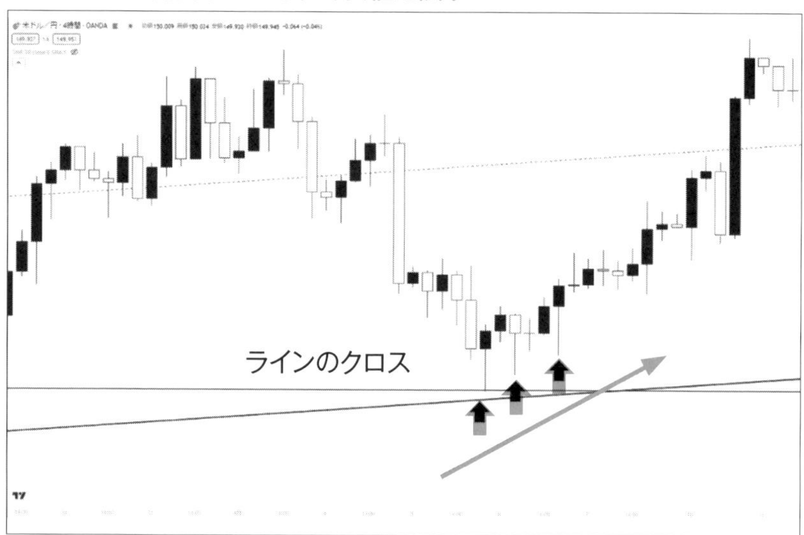

Check!

- プライスアクションを理解することで、ライン際の判断材料として利用できる
- リバーサルやスパイクといった反転を示唆するプライスアクションは、反転のポジションを狙う根拠だけではなく、順張りを警戒するサインとしても有効
- 単なる形状だけでなく、ローソク足の内部の値動きや前の足の高値・安値との関係性も考慮することが重要

24 トレンド継続のプライスアクション

プライスアクションには、トレンド継続を示唆するパターンが存在します。そのトレンド継続のプライスアクションに焦点を当て、ライントレードとの関係性について解説します。

「ライントレード」と組み合わせてトレードするのは難しい

転換示唆のプライスアクションの次は、トレンド継続示唆のプライスアクションについて説明します。

転換示唆のプライスアクションはラインを使ってエントリーするタイミングの1つになると紹介しましたが、トレンド継続のプライスアクションは、「ライントレード」と組み合わせてトレードするのが難しいプライスアクションです。そのため、このプライスアクションとラインを組み合わせて利益を生み出すというよりも、**損失を避けるために理解しておくべきパターンとして理解していってください。**

スラストアップとスラストダウン

スラストアップとは、前の陽線の高値を次の陽線の終値が更新するローソク足2本の並び方で、上昇継続を示唆するプライスアクションです。逆にスラストダウンは、前の陰線の安値を次の陰線の終値が更新する並び方で、下落継続を示唆するプライスアクションです。

つまり、前のヒゲを実体で越えた陽線の連続 or 陰線の連続を見て、その上昇や下落が続くと示唆するプライスアクションだということです。

普通のローソク足のサイズで2本のスラスト程度であればそれほど意識する必要はありませんが、陽線や陰線が長く続く場合、それが継続しやすいという認識は持っておくべき感覚だと思います。

図4-41 ▶ スラストアップ、スラストダウン

スラストアップ

余裕のある
スラストアップ

スラストダウン

ギリギリの
スラストダウン

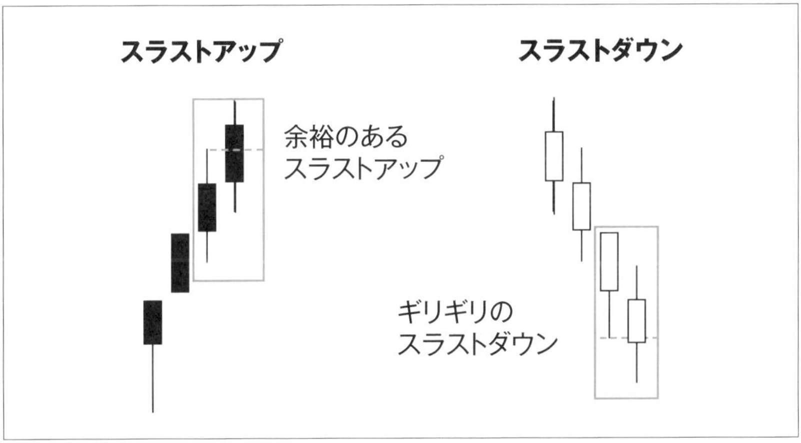

● 損失を避けるために見るもの

繰り返しになりますが、トレンド継続のプライスアクションは、ラインを軸にトレードするのであれば、利益を出すためのテクニカルというよりも、損失を避けるための認識であるため、スラストのルールを厳密に見るわけではありません。要するに、明らかに3本、4本とスラストが続いていたり、ときどき否定されていても、長期間陽線や陰線ばかりの値動きで時間足レベルのポイントに到達した場合、そこ

で反発を期待するのではなく、反発ポイントが無視されやすいということをトレードの戦略に組み込むということです。

スラストの知識を持っていれば、自信があるポイントに対しても逆張りを避けたり、ローソク足を数本待つことにつながります。もしどうしても逆張りをしたいのであれば、ダメ元の勝負として、ギリギリまで引きつけて損切りを極力浅くするはずで、リスクを知っているからこそ雑なエントリーは避けるようになり、損失を限定させることができるはずです。

図4-42のチャートでは、左側の四角の中の上昇の4本目で一度陰線が出ていますが、それ以外は実体が大きい陽線の連続でスラストを形成しています。

図4-42 ▶ スラストが発生している箇所での逆張りは厳禁

このとき、値幅と角度のラインや、水平線での反発はほとんどない or この時間軸では確認できないレベルでしか起こっていないため、レジスタンスだけを見て安易に逆張りをしていたら逃げ場もなく、ポジションを持った瞬間からどんどん含み損が膨らんでいくことがわかります。

このように、簡単に説明できるのは出来上がったチャートを見ているからで、実際にはそのときの陽線が連続するかどうかを悩みながらトレンドすることになります。ただ、少なくともある程度陽線が連続している状況を考えれば逆張りのリスクを察することができますし、その警戒心が重要だということです。

ここまでの説明で察していることと思いますが、誤解がないように補足しておきます。スラストはトレンド継続のプライスアクションですが、図4-43の左側の四角のようにスラストが一度途切れたからといって、「スラストが否定＝トレンド継続のプライスアクションの否定→逆張りができる」という思考にはつなげないほうがいいでしょう。

図4-43 ▶ スラストが途切れても反発するとは限らない

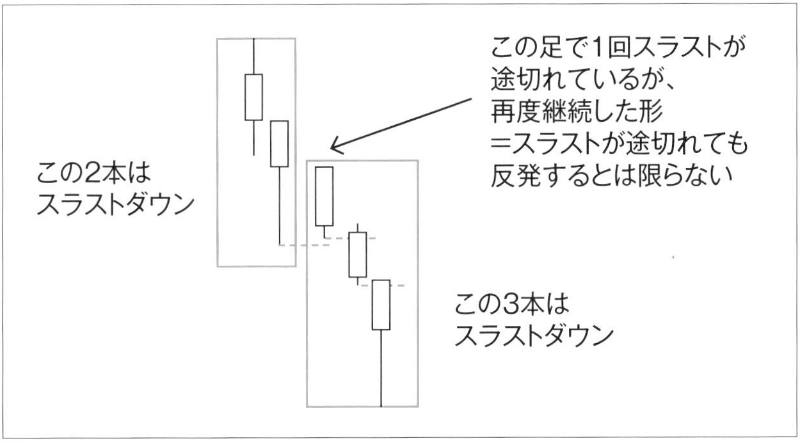

プライスアクションのルールは、チャートの動きの細かい部分の、さらに細かい部分でしかありません。1を見て100の判断を下すのではなく、1を見たうえで他の要素と組み合わせた総合的な判断をするように心がけましょう。

大陽線と大陰線

スラストの説明の中で、「普通のローソク足のサイズで2本のスラスト程度であれば、それほど意識する必要はありません」と述べましたが、トレードをするうえで「ローソク足の大きさ」ということも考える必要があります。

大陽線・大陰線は他のローソク足に比べて実体部分が大きい陽線や陰線です。これがプライスアクションと呼ばれるかはわかりませんが、1本のローソク足を判断材料にするという意味では同じかと思います。

図4-44のチャートでも大陽線起点でその後の値動きに方向感が生

図4-44 ▶ 大陽線が起点となり方向感が発生

じています。スラスト同様、こういったローソク足に対しての重要ポイントで逆張りで迎え撃つリスクが高いのは感じ取れると思います。

連続するスラストもそうですが、ローソク足の実体が大きいということは、短期間で大きく上昇、下落しているということです。指標などでの急騰急落でない場合、その下位足では規則的で連続的に売買されていることがほとんどです。こうしたスラストや方向感を伴う大陽線・大陰線に対しては、ラインを使ってポイントで反発を狙うよりも、短期足の移動平均線や規則性にしたがって細かく順張りをするほうが賢明です。

Check!

- ライントレードにおけるトレンド継続のプライスアクションは、損失を避けるためのサインとして認識することが大切
- スラストアップやスラストダウンなどのパターンを見極めることで、逆張りのリスクを軽減し、トレードの精度を高めることができる
- 大陽線や大陰線など大きな実体を持つローソク足は方向感を示す可能性が高い
- これらの値動きに対しては、ライン以外のエントリー基準を設けてトレンドフォローすることで成功しやすい

CHAPTER

5

ライントレーダーの得意な相場、苦手な相場

25 得意相場と不得意相場を理解する

トレーダー自身が得意な相場と苦手な相場を理解しておくことは重要です。相場のタイプに応じて戦略を調整し、トレードの成功率を高めることができます。

今の相場を読み取り、自分が得意かどうかを判断する

ラインを主として相場に向き合うにあたって理解しておくべきことに、自分が得意な相場なのか不得意な相場なのかということがあります。

どんなテクニカルを使うにしても、トレンドの相場であれば順張りのポジション、レンジであれば逆張りのポジションを狙うことがセオリーです。相場というのは、そのときどきで地合いが変化します。ある期間で勝てていたのに急に勝てなくなるというのは、そのやり方がトレンドやレンジどちらかにしか対応できないことが原因です。

相場が変化しているのに、自分の狙いを変化させなければ対応できなくなるのは当然です。そうならないために、現在のチャートの全体像から、今がどういう相場なのかを読み取り、自分が得意な相場なのか、そうでなはいのかも明確にすべきです。

●「トレンド」といってもさまざまなシーンがある

相場はレンジが7～8割で、トレンドは2～3割といった言葉もありますが、この言葉に関しても深く掘り下げて考えることが必要です。

図5-1 ▶ 今の相場を読み取り、自分が得意かどうかを判断する

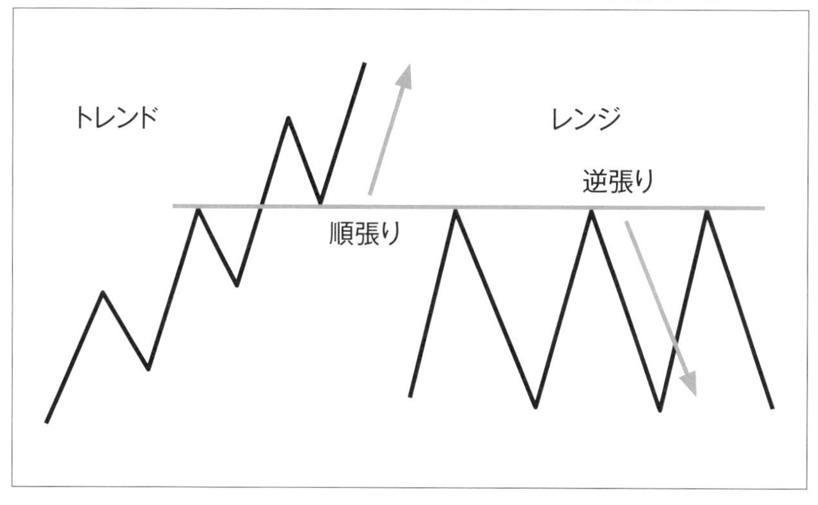

一概に「トレンド」といっても、押し戻りの有無、幅、傾きなど、構成する要素は複数あります。また、そもそも上位足のレンジを構成する波が下位足のトレンドであったり、時間足で見方を変える必要も出てきます。

このように場面分けを言い出せばキリがないのですが、ここでは本書の第2章のライン引きで紹介した、値幅と角度のラインや水平線といった重要ポイントを分析するラインで環境認識を行った場合の得意相場、不得意相場についてまとめていきます。

Check!

- 相場のタイプを理解し、得意相場と不得意相場を把握することが重要
- 自分の戦略を相場の状況に合わせて調整し、成功率を高める

26 不得意な相場

ライントレーダーはラインを引いた時間軸レベルの押しや戻り、ボラティリティがない相場ではトレードが難しくなります。ここではその2つの例について解説していきます。

① 一方向の急激なトレンド

第4章のプライスアクションでも紹介した「スラスト」もこの部類で、時間足以上で押し戻りがなくボラティリティの大きいトレンドでは、ライントレーダーの立ち回りは難しくなります。

基本的に、図5-2のようなトレンドが強すぎる相場ではトレンドフォローの立ち回りが重要になりますが、本書のライン引きのみでこのトレンドフォローに乗ることはほぼ不可能です。

というのも、そもそも本書の重要ポイントを分析する環境認識としてのライン引きは、「時間足、日足の高安値を網羅する」ように引いたものです。ですから、時間足、日足レベルで高安値を作ることなく進み続けるトレンドに対応が難しくなるというのは明白です（当たり前の話ですが、時間足レベルで押し、戻りがないということは、分足レベルまでの押し戻りでトレンドが形成されていることになるので、そのトレンドの押し戻りをカバーしてトレードするには分足レベルでラインを引かないといけません）。

図5-2 ▶ トレンドが強すぎる相場

●「トレンド時の逆張り」で退場するトレーダーたち

無理にトレードしようとするならば、この強烈なトレンドに対して重要だと思うラインで逆張りで反発、リバ取りを仕掛ける選択になります。しかし、「多くのトレーダーがトレンド時の逆張り」で退場していきます。

この逆張りは、分足の押し・戻りまでのリワードを狙うことになるので、ラインの誤差やズレのリスク幅を考えるとリスクリワードが見合わないことがほとんどです。

そもそも、逆張りの損切りを燃料にトレンドは加速していくわけです。こうした相場のラインは逆張りのエントリーポイントではなく、ラインに到達したあとにそこから崩れないか横軸を注視するきっかけだったり、保有しているポジションの利確点として考えたりすることが望ましいのです。

つまり、押し・戻りがないために、本書で紹介したラインではトレンドフォローで乗り込めず、逆張りをするにもリスクリワードが崩れやすいため、エントリーが困難な相場だということです。

② 値動きが細かすぎるレンジ

次に苦手なのが、図5-3のようなあまりにも値動きが細かい相場です。

ラインとラインの間で波を作らず停滞すると、ラインを背にすることができず、リワードの値幅も見込めないので、自然とトレードすることができなくなります。

下位足で細かいレンジ幅にラインを引いてトレードすることは可能ですが、①と同様に、そのような相場であればトレードを控えて別の通貨ペアを狙ったほうが効率がいいでしょう。

第3章の「横軸を意識しよう」で例示したラインとラインのすき間で何度も往復し、レジサポが狭まっている状態もこれに該当しています。ですから、反発・リバ取りすら狙うべきでなく、ボラティリティが出現するまで横軸を待つことを推奨しているのです。

①、②のように、レンジ時でもトレンド時でも、極端な値動きというのはトレードが難しくなります。基本的にはこのような値動きの通貨ペアの取引は避け、次に紹介する得意な相場の値動きに近いものを選ぶことをおすすめします。

図5-3 ▶ ボラティリティが出現するまで横軸を待つ

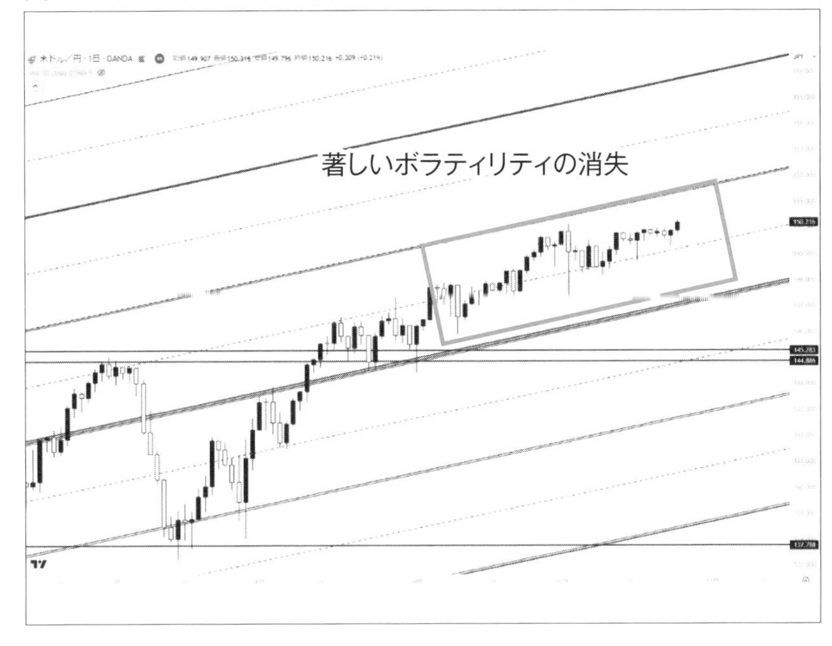

Check!

- 急激なトレンド相場では、逆張りによるエントリーのリスクが高く、トレンドフォローもラインを基準にエントリーすることは難しい場合が多い
- 細かすぎるレンジ相場ではトレードの機会が減少し、ラインの活用が難しくなる

27 得意な相場

基本的にライントレーダーの得意な相場は、ラインを引いた時間軸での高値や安値が明確な相場です。ここではその2つの例と、もう1つ得意な相場について解説します。

① しっかりと波が作られているトレンド

「急激なトレンド」が不得意な相場だと述べましたが、同じトレンド相場でも時間足レベルで押しや戻りがはっきりしているトレンドは得意な相場に入ります。

スラストのような急激なトレンドと違い、時間足・日足で陽線や陰線が頻繁に入り乱れる場合、引いたラインに対しての戻りや押しをターゲットに、引きつけた順張りが狙いやすくなります。

逆張りになるポイントでも反発・リバウンドの幅が時間足・日足レベルを期待できるため、リスクリワードのいいトレードを狙うことができます。

もちろん、しっかりと波を作っていたトレンドから突然急激なトレンドに切り替わる場合もあるので、安易な逆張りは推奨できません。しかし、相場の地合いとしては「ラインを引いた時間軸の波」で相場が動いているので、ラインの感度も高くなりやすいです。

基本スタンスは、順張りのポジションはリテストからトレンドに乗って利を伸ばすことを考えつつ、深めの押し・戻りがあることも想定して臨機応変に対応（部分的な利確や利確後の戻りでポジションを取り直すなど）し、逆張りのポジションは欲張らず早めに利確することです（図5-4）。

図5-4 ▶ 戻りや押しをターゲットにして引きつけた順張りが狙える

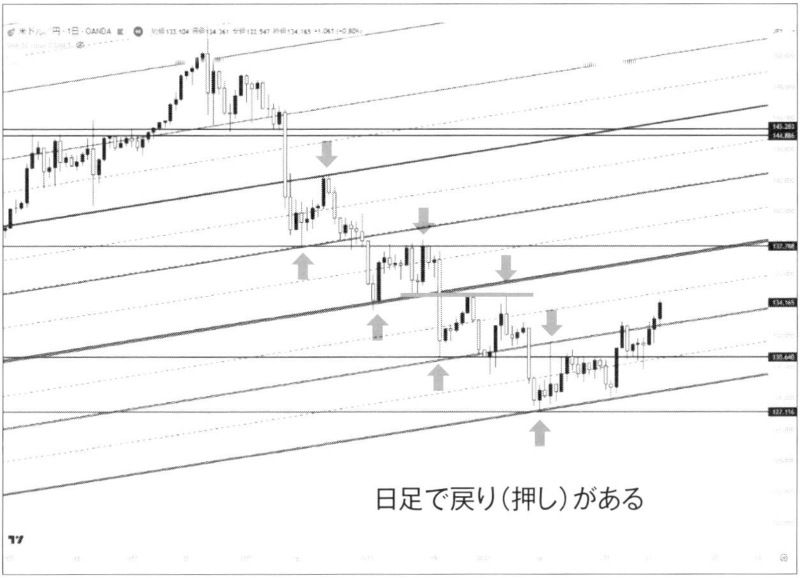

② ボラティリティのあるレンジ

不得意な相場で、極端にボラティリティがないレンジ相場を紹介しましたが、ライン間を往復している相場は得意な相場といえます。

①と同様に、「ラインを引いた時間軸の波」でレンジが作られているのでボラティリティが保たれており、レンジの起点と次の反発点を捉えることが比較的容易なのでトレードがしやすいはずです。

波が明確なトレンドよりもさらに反発地点が予測しやすい地合いなので、基本スタンスは背となるラインまで来たら比較的ポジション量を多く持ち、レンジ幅の中の短めの保有で利益を確保するイメージです（図5-5）。

図5-5 ▶ レンジの起点と次の反発点を捉えることが比較的容易

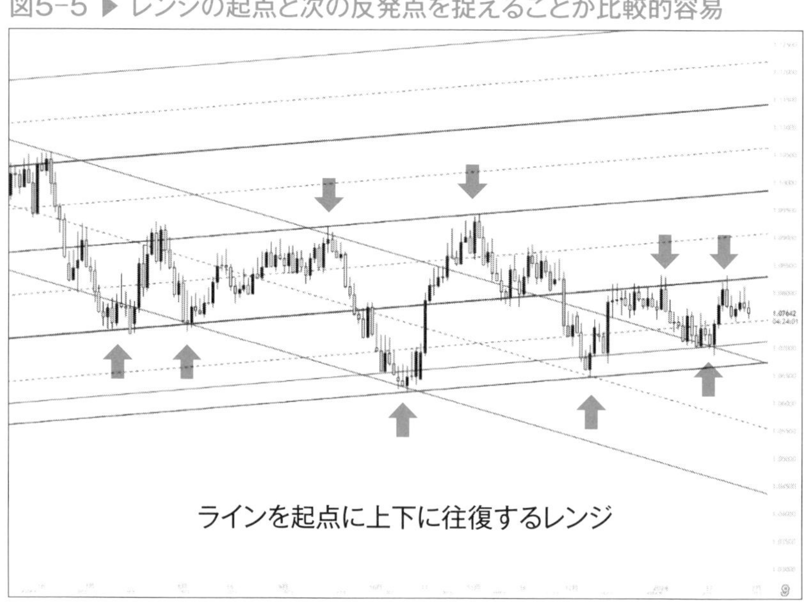

不得意な相場と得意な相場の例を2つずつ挙げましたが、**結局レンジなのかトレンドなのかが重要なのではなく、「ラインを引いた時間軸で高安値が構成されているかどうか」が重要**だということです。

ラインを引いた時間軸以下のレンジ幅や、ラインを引いた時間軸で高安値を作らないトレンドには当然ながら適応できません。ですから、**自分がメインとする時間軸で明確に高値や安値が作られているチャートで戦うことが勝率アップにつながります。**

③ 転換期の相場

ここでいう転換とは、大きい意味の転換というよりは、トレンドの規則性を否定したあとの1波が起こるまでの相場です。この1波が、大きく見たときの深めの戻りや押しになるのか、はたまたトレンドの初動になるのかといったことは深く考えず、時間足以上で押し戻りの波が作られているトレンドが停滞し、その押しや戻りよりも大きい反発が起こるまで、という認識で考えてください。

このときの相場状況には、ラインの他に直近のトレンドの規則性やダウ理論、ボトムやトップの形といった方向感やエントリーポイントの材料が複数ある状況になります。深い反発が起こると予測しているポイントで値動きが停滞したら、第3章の横軸を考えたエントリーや、第4章の基礎テクニカルから値幅を大きく狙うトレードが可能です。

図5-6 ▶ 重要ポイントに到達したら他のテクニカルと合わせて考える

転換期というのはあとになってからいえることで、その時点では判断ができないことです。重要ポイントに到達したうえで他のテクニカル（短期ダウの反転、転換パターンの出現など）を合わせて転換期と見立ててトレードすることで、リスクリワードのいいトレードができるのです。

Check!

- 得意な相場では、時間足レベルで波が明確になり、リスクリワードのいいトレードが狙える
- 転換期の相場では、ラインに加えて他のテクニカルも考慮し、重要ポイントでのエントリーを検討していく

CHAPTER 6

究極のライントレーダーになるために

28 勝てるライントレーダーになるための上達の流れ

本書の最後に、ライントレーダーとしての心構えをお伝えします。ラインを根拠にしたトレードを繰り返し、負けパターンを理解し、勝てるトレーダーへと成長していってください。

上達のためにやっていくべきこと

ここまで、ラインの引き方から、エントリーポイント、ラインを引いたチャートでの基礎テクニカルの見方や得意不得意なシーンをまとめてきました。

テクニカルに関しては、知識をまとめるというよりも、最初のライン引きをもとに、それを補助する形で基礎的なテクニカルを解説し、「ライントレードのためのテクニカルの見方」を例示したにすぎません。

ピックアップしなかったチャートパターンやプライスアクション、通貨強弱、移動平均線など、まだまだ組み合わせることができるテクニカルは複数ありますが、多くを考えすぎると混乱してしまいます。

まずはラインを用いて重要ポイントを見抜き、重要ポイント到達時のチャートパターンやプライスアクション、ダウ理論といった基礎的なテクニカルを用いてシナリオを立ててみてください。それを繰り返し、リスクリワードを管理してトレードをするだけでも、ある程度の成果が得られるようになるはずです。

この章ではその精度を向上させるための流れを書いていきます。

とにかくラインを引く

ライントレードでは、重要ポイントが可視化できなければ話になりません。そのために、とにかくラインを引きまくりましょう。

自分が取引したい通貨ペアに限らず、主要通貨（USD、JPY、EUR、GBP、CHF・AUD・CAD、NZD）のクロスペアまでとにかくラインを引いてみて、トレードをしなくてもその後の値動きがラインに合致するかを観察することが大切です。

たとえエントリーをしなくても、自分が引いたラインに対して週単位、月単位でどう動いたかを観察するのです。いろいろなペアにラインを引いていると、「今のこのペアにはラインが引きにくい」とか、「このペアはラインできれいに動いている」というような違いがわかるようになってきます。これがわかると、実際にトレードするときも、ラインがきれいに引けて、そのラインに対して直近でも明確な規則性を伴っているものを選択したくなるはずです。

単一の通貨ペアにのみラインを引いているとその比較対象がなく、そのラインがハマっていないタイミングでもトレードしようとしてしまう可能性も出てきてしまいます。練習としてだけではなく、よりいいトレードをするために必要な作業です（個人的には25個の通貨ペアやGOLDなどの先物にライン引きをしています）。

また、同時にTradingViewなどのリプレイ機能があるチャートアプリを使って過去チャートにラインを引き、その後の値動きがどうなったかを再生して確認することも行ってください。

リプレイ機能では4時間足・日足が一瞬ですぎ去っていくので、時間感覚や下位足の作られ方はやはりリアルタイムのチャート観察が一番身になります。しかし、とにかく先が見えていない状態での自分のライン引きが未来でしっかり機能している感覚を養うことが大切です。

過去チャートにこれでもかとラインを引いて再生を繰り返していきましょう。

TradingViewの無料プランの場合、リプレイ機能は日足でしか行えませんが、疑似エントリーも可能なので試しつつ練習していってください。

引いたラインを根拠にトレードを続ける

リプレイ機能で疑似エントリーを繰り返しつつ、実際のリアルタイムのチャートで、ラインを背にしてトレードし続けることも大切です。

闇雲にラインだけを根拠にトレードするのではなく、ダウやラインに至る波や横軸、周辺の値動きから推測されるチャートパターン、プライスアクションがないかも考慮してポジションを持ちます。

ただ、最初はあれこれ考えすぎても難しくなってしまいますし、成功体験もないので疑心暗鬼になるはずです。ですから、ライン以外の要素はある程度ざっくりな分析で十分です。とにかく練習しまくった重要ポイントのラインでトレードすることを優先してください。

ある程度きれいなラインが引けて、ラインの強度を見極め、重要ポイントのみでポジションを持っても、この段階では勝ったり負けたりを繰り返すはずで、短期間ではなかなか結果は出ません。仮に結果が出たとしても、それはたまたまうまくいっているだけだと考え、すべての結果を反省しましょう。リプレイ機能でできる反省は限定されていますが、実際のトレードであれば、ラインの強度を確認するために広範囲のチャート画像、ポイント周辺の値動きを確認するための下位足のチャート画像を保存し、細かい自分の認識をメモしておくことをおすすめします。

エントリーは重要ポイントタッチで入った（リバ取り）のか、横軸や短期足を待って入ったのか、ラインタッチなら何回目で、チャートパターンのイメージやプライスアクション、各時間のダウ理論の基準となるレートはどこにあったかなど、**自分が意識したポイントを羅列して言語化することが大切です。**これを習慣化していきます。

負けパターンを避ける

引いたラインを根拠にトレードを続け、反省を繰り返すうちに、負けに偏るパターンが少しずつ見えたり、感じ取れるようになってくるはずです。

要は、**ラインを背にトレードを繰り返すことで「重要ポイントだけどラインを貫通しそうな値動き」だったり、「不利になるポジション取り」を明確にし、それを避けることを意識していく**のです。

第5章の「ライントレーダーが不得意な相場」で述べた急激なトレンド相場ですが、私の負けパターンの中からポイントの左側の波に共通点を見つけて「エントリーを避けるパターン」として紹介したものです。

本書は一貫して「突き詰める」「洗練する」という言葉を大事にしてきましたが、重要ポイントはライン引きの段階ですでに厳選してあることです。負けパターンを避けるというのは、その厳選したポイントをさらに厳選するという意味で、トレードがさらに洗練されます。

負けパターンの逆ポジションを勝ちパターンにする

ある程度負けパターンを避けられるようになったら、次はその負けパターンを勝ちパターンに変換する工夫をしていきます。

負けパターンを勝ちパターンにしていくためには、ラインを背にするだけではなく、ラインをブレイクしていくトレードや波の途中から乗り込んでいくトレードを狙っていくことになります。しっかりと負けパターンを理解していれば、ポジションの方向は決まっているので、あとはどのようにエントリーすればリスクリワードを保てるか、ということに目を向けて考えればいいので、それほど難しいことはありません。

本書の内容でいえば、トライアングルは急激なトレンド相場同様、私の昔の負けパターンでしたが、今では自信を持って順張りのポジションを持てる根拠になっています。これは、トライアングルのような重要ポイントに対して切り上がりや切り下がりで何度もトライしてくる形に対して逆張りしてしまうという過去の負けパターンから、経験則的に「この形は逆張りで何度も損してきたから、ポイントをブレイクしてくる形」と考え、ブレイクを期待し、斜辺でポジションを持つように意識づけたにすぎません。

すなわち、何度も同じ形で損失を繰り返し、反省した結果の賜物です。こうした**自分の経験や検証をもとにパターンを増やしていくことが、本当の意味でFXを学び上達するということです。**

以上が私がお伝えできる上達のための道筋です。やってみるとわかると思いますが、4時間足・日足でラインを引いた場合、驚くほどトレードチャンスがありません。1つの通貨ペアに対して1日1回エントリーチャンスがあればいいくらいになるはずですが、それは間違いではありません。それだけ厳選されたチャンスだということです。時間足レベルで期待値が高いトレードポイントはチャート上にそう多くは存在しません。

1つの通貨ペアだけを追いかけていてはなかなかトレードチャンスに巡り合えないかもしれませんが、重要ポイントから少し離れてしまっていても、第3章で述べた「単一根拠としにくいライン同士のクロス」を狙ってポジションを持ったり、監視通貨ペアを増やしたりすることでトレードチャンスの少なさに対応できます。

他のテクニカルやインジケーターをエントリー方法に加える場合にも、重要ラインがどこにあるかを知り、波の作り方に目を向ける癖は必ず役に立つはずです。みなさんが素晴らしいライントレーダーになれることを心より願っております。

Check!

- 上達のためにはラインを引きまくり、ラインを根拠にしたトレードを重ねることが重要
- リプレイ機能を活用し、過去のチャートでラインの効果を確認することも有益
- 負けパターンを洗い出し、勝ちパターンに変換するためには、継続的なトレードと反省が欠かせない

おわりに

～失敗を繰り返し、反省して、成功へつなげよう～

ここまで読み切っていただき、ありがとうございました。

本書は大枠の「テクニカル」の中のほんの一部である「ライン」を軸にまとめた書籍であり、かなり絞った内容になっています。書籍1冊で説明できることはトレードの中のほんの一部でしかありません。実際にトレードをしていくうえでは、「マインド・メンタル・資金管理」も大切になりますし、「ファンダメンタルズ」も最低限は押さえておくべき事項です。

特に、「テクニカル」系の本を読んだあとに陥りがちなのが、「これさえできれば勝ちトレーダー！」といった安易な自信から強気なトレードを行ってしまい、「資金管理」が疎かになるパターンで、そうなってしまっては本末転倒です。

第2章の「テクニカル分析」の項で述べましたが、テクニカルに絶対的な正解はなく、勝ったり負けたりする中で利益を残すための期待値を求めているにすぎません。

どんなにテクニカルの勉強をしても、トレードするうえで損失は避けて通れません。資金管理ができずにメンタルが崩れてしまえばだんだんと自滅的なトレードをしてしまうでしょうし、ポジションを持つことに対しての不安が大きくなっていきます。

実際、トレードの難しさは資金管理、メンタルに依る部分が大きいことに間違いありませんが、資金管理を成立させ、メンタルを安定させるためには「テクニカル」である程度の軸を持って、チャートを分析してトレードをする必要があると感じます。
「テクニカルだけで勝つ」「資金・メンタル管理だけで勝つ」というのは傲慢で、いろいろな角度から「トレード」と向き合い、成熟させていく必要があるということです。

ふわっとした話になってしまっているかもしれませんが、確実にいえることは、本書で紹介したライントレードを自分のスキルにするにしても、自分に合った資金管理でメンタルを安定させるにしても、**すべてにおいて必要となるのは「あなた自身の努力に基づく成功体験」**です。
失敗を繰り返し、反省して、成功へつなげ、その成功体験を反復することこそが、トレードスキルの成長につながります。これはそう簡単な道のりではなく、途中失敗を繰り返す中でどうしても視野が狭くなったり、自信を喪失してしまったりすることもあるはずです。
そうしたときに、この文章が頭の片隅にあれば、本書の著者である「たけだのぶお」をGoogleで検索してみてください。本書で深く語れなかった部分もX、YouTube、noteなどの媒体で継続して発信をしています。他人の考え方や視点に触れることで、狭まっていた視野に広がりが得られたり、何かの気づきになるかもしれません。

2024年5月　たけだのぶお

たけだのぶお

社会人1年目の夏に業務でのストレス過多となり、さまざまな副業にトライ。その中で見つけたFXトレードで本格的に生きていくことを考えつつ、試行錯誤を繰り返す日々を送る。さまざまなインジケーターを使いながら、勝っては負けてを繰り返すうちに、ライントレードが機能することを発見する。以降、収支が安定的にプラスへ転じたことで職場を退職。退職後は専業トレーダーのかたわら、自分のトレード人生を変えたライントレードを広めるため、X、YouTube、noteで定期的に情報発信中。

FXライントレードの教科書

2024年7月1日　初版発行
2024年9月10日　第2刷発行

著　者　たけだのぶお　©N.Takeda 2024
発行者　杉本淳一

発行所　株式会社日本実業出版社　東京都新宿区市谷本村町3-29　〒162-0845
編集部　☎03-3268-5651
営業部　☎03-3268-5161　振　替　00170-1-25349
https://www.njg.co.jp/

印刷／厚徳社　製本／若林製本

ISBN 978-4-534-06112-6　Printed in JAPAN

日本実業出版社の本

下記の価格は消費税(10%)を含む金額です。

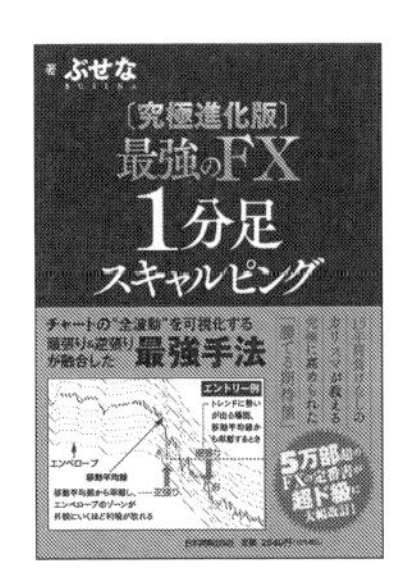

【究極進化版】最強のFX 1分足スキャルピング

ぶせな
定価 2640円(税込)

6万人に読まれたFXの定番書籍が、時代に即した最新テクニックを大幅加筆して「超ド級」に新版化！　前著にはなかった「順張りスキャルピング」を紹介。チャートの"全波動"を可視化する順張り&逆張りが融合した最強手法を紹介します。

最強のFX 15分足デイトレード

ぶせな
定価 1760円(税込)

ベストセラー『最強のFX 1分足スキャルピング』の著者でカリスマトレーダーによる、移動平均線とネックラインの併用で10年間負けなしの、「億」を引き寄せる「デイトレード」の極意。15分足は他のどの足よりもエントリーチャンスが圧倒的に多い！

FX 環境認識の定石

Hiro
定価 2200円(税込)

FXで勝つために必要な「環境認識」を、「通貨強弱」「マルチタイムフレーム」「エリオット波動」「資金管理」「マインドセット」の5つのスキルでプロトレーダーが解説。著者独自のノウハウを実践事例とともに紹介。トレーダーとしての考え方、学習の方針を固まる1冊。

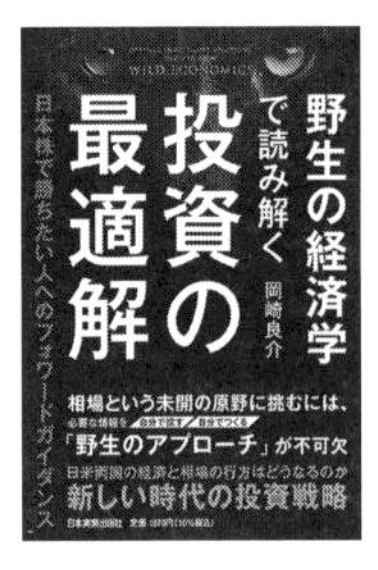

野生の経済学で読み解く 投資の最適解

岡崎良介
定価 1870円(税込)

米国経済と日本経済、そして日米両国の相場の行方はどうなるのか。長年の運用経験に裏付けられた独自の発想で多彩なデータ駆使するとともに歴史的大局観から俯瞰した分析を行ない、2024年以降に日本株投資で勝つために必要な考え方と投資戦略を明らかにする。

定価変更の場合はご了承ください。